왜 먼 것이 좋아 보이는가

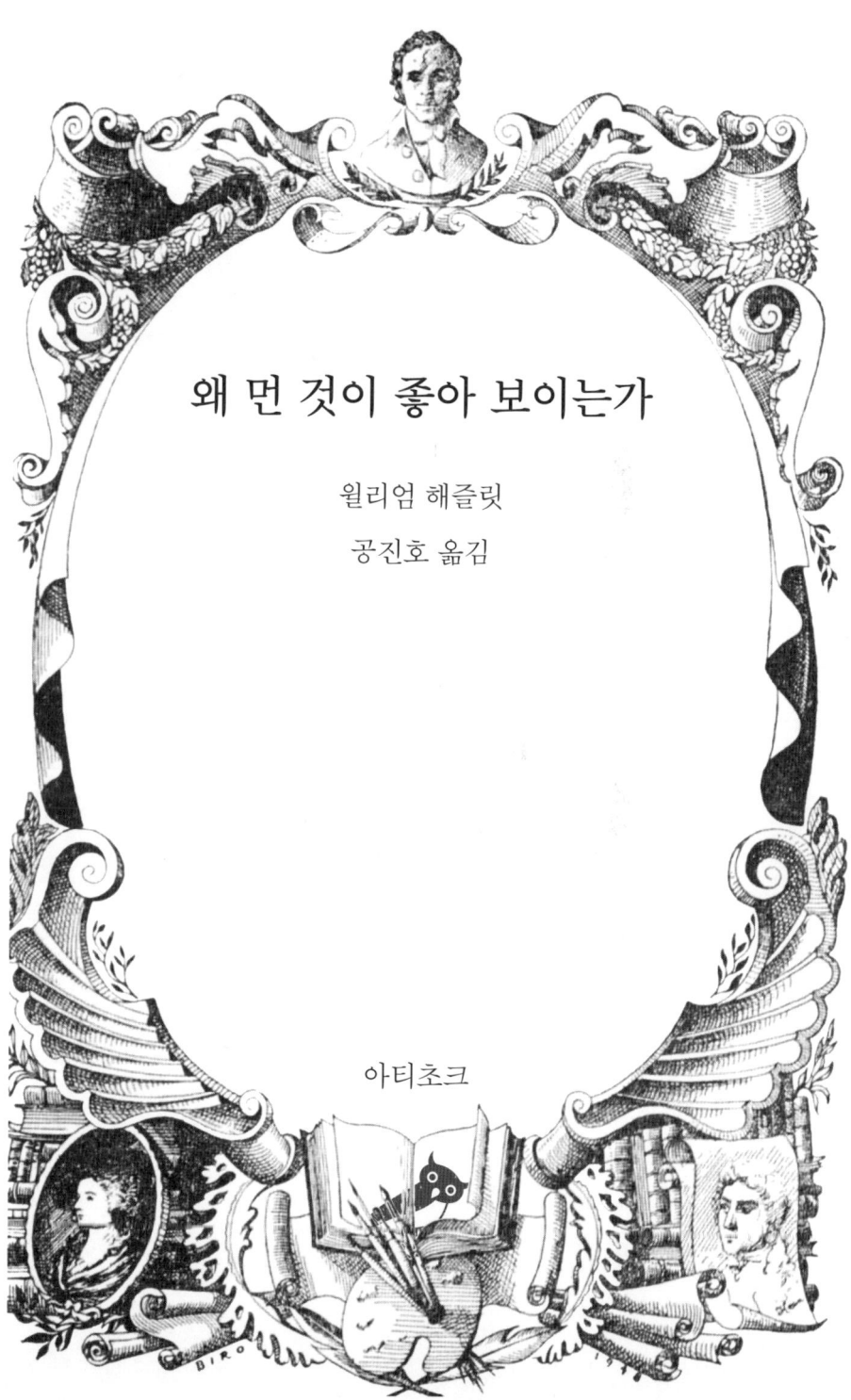

왜 먼 것이 좋아 보이는가

윌리엄 해즐릿

공진호 옮김

아티초크

일러두기

1. 방점은 원서의 표시에 따른 것입니다.
2. 단행본은 『』, 시와 단편 등은 「」, 잡지와 신문, 공연 등은 《》, 미술품 등은 〈〉로 구분했습니다.
3. 번역은 P. P. Howe가 편집한 The Complete Works of William Hazlitt in Twenty-One Volumes, Centenary Edition(1933)을 저본으로 했습니다. (원주)로 표기한 것 외에는 모두 편집자와 옮긴이의 주입니다. 셰익스피어와 관련해서는 주로 조나단 베이트가 편집한 William Shakespeare: Complete Works(2007) 및 Arden Shakespeare 원서를 참고했으며 판본에 따라 행 번호가 틀릴 수 있습니다.
4. 본문의 삽화는 모두 편집팀이 수록했습니다.

차례

윌리엄 해즐릿의 묘비문　　11

미술가의 노년에 관하여　　17
왜 먼 것이 좋아 보이는가　　55
삶을 사랑한다는 것은　　83
패션에 관하여　　97
성공의 조건에 관하여　　117
아첨꾼과 독재자에 관하여　　147
사형에 관하여　　173

옮긴이의 말　　185
윌리엄 해즐릿 연보　　191

윌리엄 해즐릿의 묘비문

윌리엄 해즐릿

여기에 잠들다

1778년 4월 10일 출생

1830년 9월 18일 사망

해즐릿은 죽기 전에
「죽음의 공포에 관하여」[1]에서 밝힌
간절한 바람을 이루었다.

즉

"부르봉 왕조의 몰락을 보고 싶고

---

1 윌리엄 해즐릿의 『혐오의 즐거움에 관하여』(아티초크, 2024) 중 「죽음의 공포에 관하여」

인류에게 유익이 될 가능성을 보고 싶다"는 것
(샤를 10세는 1830년 7월 29일 외국으로 도주했다).
"죽기 전에 명작을 남기고 싶다"는 것
(그는 『나폴레옹 전기』를 썼다).

무덤에 묻힐 때 친절한 이의 손에 맡겨지고 싶다던
소망을 제한적이지만 심오하게 이루었다.
이러한 조건 속에서 그는 떠날 준비가 되었고
"감사하고 만족스럽다"는
묘비명도 남겼다.

해즐릿은
당대 최고의 (그러나 보답받지 못한) 형이상학자였다.
단순히 돈 많고 신분 높은 사람들을 멸시하고,
가난하거나 억압받는 사람들을 사랑하고,
대중의 행복과는 대조적인
소수 계급의 교만과 권력을 혐오했다.
변치 않는 정신적 용기의 소유자였던 그는
도의를 위해
신념을 위해

이익과 현세의 명성을 포기했다.
사람들 앞에서 그의 말에 답하지 못하던
귀족에게 화끈거리는 상처와 같았던 해즐릿은
창조주 앞에서 귀족과 대면할 것이다.

해즐릿은 진리와 자유와 인간애의
지지 않은 옹호자로
살다 죽었다.
"의심하는 자는 그의 글을 읽으라."

이 비석을
무덤 속 그에게 동조하는
사람의 가슴에 세우는 바이다.

༄

윌리엄 해즐릿은 세인트 앤 교회의 묘지에 묻혔다. 그의 영향력으로 사회 갈등이 일어날 것을 두려워한 이들이 파괴한 무덤은 2003년에 이르러 당시 노동당 당수 마이클 풋의 주도로 복구되었다. 《가디언》이 모금을 했고 700여 명의 독자들이 보낸 26,000파운드로 검은색 점판암 기념비를 만들었다. 작가 잰 메이스가 발기인이고 계관시인 앤드류 모션, 방송인 멜빈 브래그, 철학자 A. C. 그레일링이 추진위원이었다.

대다수 미술가들이

죽음보다는

가난을

두려워한다.

〈조지프 놀레켄스〉 레뮤얼 프랜시스 애버트, 1797년경

미술가의 노년에 관하여[1]

얼마 전 여든 살의 나이로 세상을 떠난 놀레켄스[2]가 남긴 것은 240,000파운드와 영국 최고의 조각가라는 명성이었다. 유산 상속자들 사이에서 굉장한 쟁탈전이 벌어졌다. 상당히 많은 유품의 유언 보충서에 서명이 없었기 때문이다. 그것은 고인이나 죽어 가는 사람이 뒤에 남는 사람들에 대해 거두는 최후의 승리였다. 그들이 품었던 희망은 무너졌으나 놀레켄스에게 보복

---

1 해즐릿의 이 에세이는 1823년 《뉴 먼슬리 매거진》 9월호에 실렸고 놀레켄스는 같은 해 4월에 사망했다.
2 Joseph Nollekens(1737-1823), 영국의 초상 조각가. 국왕 조지 3세의 후원에 힘입어 많은 정치인들의 조각상을 제작했다. 당시 240,000파운드를 2025년 화폐 가치로 환산하면 약 35,800,000파운드에 이른다.

할 기회는 없었으며 불평도 전혀 소용없었다.

처음에는 국왕이 놀레켄스의 잔여 재산 수유자(受遺者)라는 말이 돌았다. 그게 사실이라면 신분에는 구별이 있다는 추상적 개념을 평생 이해할 수 없었던 사람으로서 놀레켄스는 엉뚱하고 불필요하게 신하의 예를 갖춘 좋은 사례일 것이다. 놀레켄스는 요크 공작이나 (경고를 무시하고) 왕세자를 찾아가서는 서로 아는 지인에 대해 묻듯이 스스럼없이 부친의 안부를 묻고, 건강이 좋다는 대답을 들으면 기쁨을 표하고는 "부친이 세상을 떠나시면 두 번 다시 그런 분은 나오지 않을 겁니다"라면서 길게 이야기를 늘어놓곤 했다.

연로한 국왕이 흉상을 위해 포즈를 취했을 때의 일이다. 한번은 놀레켄스가 윗입술에서 이마까지의 길이를 측정하려고 대리석 조각을 다루듯이 국왕의 얼굴에 컴퍼스를 갖다 댔는데 한쪽 끝이 콧구멍에 들어갈 뻔했다. 이제는 고인이 된 국왕은 그래도 실컷 웃었다. 국왕은 다른 모든 사람과 자신을 가르는 방대한 간격을 모르는 사람이 있다는 사실에 재미있어 했다.

놀레켄스는 충성심도 충성심이지만 그보다는 그 사람 자체를 좋아했으며 왕이라는 사실은 아랑곳하지

미술가의 노년에 관하여

조지프 놀레켄스의 조지 3세 국왕 흉상

않았다. (이는 존 로크가 말하는 '혼성 형식'의 일종으로, 놀레켄스는 크림색 말들을 하나하나 구별하지 못하는 것처럼 국왕에 대해서도 마찬가지였다.) 놀레켄스는 점토를 다루듯이 왕을 다뤘으며, 자신의 일은 최고의 흉상을 만드는 것이고, 늘상 하던 대로 한다는 생각 말고는 대상에 대한 다른 관념은 없었다.

이 꾸밈없고 순진한 태도에는 그의 작품이 발하는 견고하고 무미건조한 느낌과 더불어 놀레켄스 특유의 수수한 태도를 실감할 수 있는 무언가가 있었다. 한 사람의 머리는 입체감을 주기에 좋으냐 아니냐에 한

해서만 다르다고 놀레켄스는 생각했다. 잘 안 된 흉상이 받침대 위에 놓인들, 또는 흉상에 색을 입히거나 유약을 칠한들 좋은 작품이 되지 않으며, 그 사람이 어떻게 호명되든 "그 모든 것에도 불구하고 사람은 사람일 뿐이다."

조각가들은 생각도 자신들이 다루는 재료처럼 다소 경직되고 융통성이 없음에 틀림없다. 게다가 놀레켄스는 작풍이 상당히 단단하고 윤곽이 뚜렷하다. 그의 작품에는 챈트리[3]에 못잖은 사실성과 개성이 있지만 우아한 매력이나 명료한 부드러움은 없다. 하지만 있는 그대로의 수수함과 순도 높은 충실성은 놀레켄스의 작품에 더 많이 담겨 있다. 그의 인품이 그런 것 같다. 노스코트[4]가 한번은 거의 모두가 인정하는 놀레켄스의 우월성에 이렇게 경의를 표했다.

"이야! 선생님이 만드시는 흉상은 누구 거라도 최고입니다!"

그러자 놀레켄스의 눈동자에는 기쁨을 억누르려는

---

[3] Sir Francis Leggatt Chantrey(1781-1841), 영국의 조각가. 섭정 시대 주요 인물의 초상 조각을 많이 남겼다.
[4] James Northcote(1746-1831), 영국의 화가.

프랜시스 챈트리 자화상, 1802년경   챈트리의 조지 3세 흉상, 1813년

빛이 역력했다(비록 그 눈은 시력을 잃었지만). 그는 웃음을 머금고 입을 열었다.
"나는 그저 흉상들을 최대한 실물과 비슷하게 만들려고 노력했다는 것밖에 모르네!"
어느 날 아침 나는 이 저명하고 뛰어난 인물을 노스코트의 작업실에서 보았다. 놀레켄스의 눈이 멀어 하던 일을 관둘 수밖에 없게 된 지 한참 지났을 때였다. 그래도 그는 군상화를 구상하고 다른 사람들에게 그것을 그리도록 지시하는 일을 즐겼다. 이 둘은 비범한 한 짝을 이루었다. 놀레켄스는 흔들리지 않는 무언가에 의지하듯이 양손으로 지팡이 손잡이를 잡은 채 (피곤한 탓에) 낮은 걸상에 앉아 있었다. 그는 끌로 입술이나 턱의 보조개를 깎다가 너무 지나친 듯하면 얼른 끌을 떼는 듯이 팔다리나 다른 부위를 씰룩거리는 버릇이 있었다. 하지만 자세는 말뚝처럼 꼿꼿했다. 얼굴 생김새는 단단하고 각이 진 정교한 조각상 같았다. 코는 메부리에 입술은 가늘고 이마는 굴곡이 졌다. 시력의 상실은 놀레켄스 자신이 만든 훌륭한 흉상들과 닮은 꼴을 완성한다. 그는 시간과 노고를 들여 자신을 돌로 만든 듯하다. 노스코트는 놀레켄스 곁에 서서 침이 튈 정도로 수다를 떨다가도 그에게 말을 걸 때는 몸을 굽혔다. 헐렁한 모닝 가운을 걸친 채 빛을 등지고 있는 노스코트의 얼굴은 엷게 채색된 명화 같았고, 그의 눈은 구름에 가려진 저 높은 둥지에서 바라보는 늙은 독수리처럼 과거의 여명을 헤치고 주위를 살피는 것만 같았다. 이 둘은 순식간에 몽스니 정상에서 바티칸으로 내려왔다.

이마우스 산에서 자라난 독수리가
인도의 물줄기, 갠지스와 히다스페스의

샘을 향해 날아가듯이[5]

이 두 명의 고상한 노인들은 생각에 날개를 달고서 로마의 테베레 강기슭으로 내려가 청춘 시절의 활기에 몸을 담그고 그 물을 마셨다. 그들은 티치아노[6]와 베르니니[7]에 관해 대화를 나누었다. 노스코트가 루빌리악[8] 이야기를 꺼냈다. 루빌리악이 로마에서 베르니니의 조각을 보고 돌아와 웨스트민스터 사원에 있는 자신의 작품을 보러 가서 이렇게 말했다고 한다. "단언컨대 내가 만든 것들은 담뱃대 같더군."

노스코트와 놀레켄스는 데이[9](그들의 학교 친구)와 배리,[10] 퓨젤리에 얽힌 일화들을 회상했다. 조슈아 경[11]과 버크,[12] 존슨[13]에 관한 이야기도 했다. 기억이 낳은 이 위대한 자식들이 자기들을 부르는 이름에 응답하는

---

5 존 밀턴 『실낙원』 III. 431.
6 Tiziano Vecellio (1488-1576), 이탈리아 르네상스 시대를 대표하는 거장 화가.
7 Gian Lorenzo Bernini(1598-1680), 이탈리아의 화가, 조각가, 건축가.
8 Louis Francis Roubilliac(1702-1762), 영국에서 활동한 프랑스의 조각가.
9 Alexander Day(1751-1841), 로마에서 활동한 영국의 화가이자 미술상.
10 James Barry(1741-1806), 아일랜드의 화가.
11 Sir Joshua Reynolds(1723-1792), 영국의 초상화가.
12 Edmund Burke(1729-1797), 영국에서 활동한 아일랜드의 정치가, 철학자.
13 Samuel Johnson(1709-1784), 영국의 작가.

것만 같았다. 주변 공기가 천재성과 명성이라는 그들의 마법에 걸린 느낌이었다. 그 사이렌의 유혹을 계속해서 듣고 있었으면 아마도

희미한 환영의 힘이 나를
혼돈 속으로 끌어당겼을 것이다.[14]

이 미술계의 고참 둘이서 청춘 시절의 체험담과 습작을 이야기하는 모습을 보니 즐거운 한편, 완전히 죽지 않는 어떤 불멸의 요소가 느껴졌다. 그리고 이들은 평온하게 친교를 나누는 가운데 쇠약해지고, 이 세상에서 자신들에게 주어진 시간이 다해가지만 사후에도 영속할 무언가를 이루어냈음을 알고 있으리라는 생각을 떠올리자 나는 마음이 짠했다.

종교의 위안은 차치하고, 사후에도 영속할 무언가를 이뤄냈다는 인식은 죽음이라는 저 지독한 악이 주는 괴로움을 제거하는 유일한 위안일지 모른다. 이러한 인식은 죽음이 다가오는 데 따르는 초조와 공포를

---

14 셰익스피어의 『맥베스』 III. v. 28-29를 변형한 인용.

감소시킨다. 그러면 죽음은 조금 더 기다렸다가 와야 겠다는 유혹을 느낄 것이다.

미술가들은, 아니 적어도 예술원 회원들은 장수한 다는 점이 주목받아 왔다. 불과 얼마 전만 해도 노스코트와 놀레켄스, 웨스트, 플랙스먼, 코즈웨이, 퓨젤리가 동시에 살아 있었으며, 모두들 심신의 기능이 조금도 떨어지지 않고 건강하며 활기찼다. 이들은 여러 분야에서 최고의 명성을 얻은 데다 대액년[15]도 훌쩍 넘겼다. 이 인상적인 예를 보면 왕립 예술원 회원 증서는 더 긴 수명을 부여하는 증서 같다는 생각이 든다. 사실 어떤 직종에 종사하는 사람에게 어느 정도의 명성과 능력을 부여하는 이러한 증서는 육신에 자양분을 공급해 주고 마음을 느긋하게 만든다.

말하기 좀 그렇지만, 미술가들은 열에 아홉 장수하는 부류가 아니다(불쌍한 자들!). 대개 마흔 살쯤이면 한풀 꺾인다. 그러니까 탁월함을 성취할 수 있다는 희망이 사라지거나, 성취는 했는데 격려가 뒤따르지 않

---

15 인생에서 7배수 간격으로 한 번씩 위기가 오며, 예순세 살이 되는 해는 일생일대의 위기가 오는 해라고 하여 '대액년(the grand climacteric)'이라고 부른다.

거나, 아니면 계획이 좌절되어 일을 돌이킬 수 없게 되면서부터다. 이 굴욕과 낭패(이런 상황은 대개 계속해서 나빠지기 마련이다) 속에서 그들은 굶주리거나 술만 죽도록 퍼마신다.

반면에 예술원 회원은 확실히 다르다. 그는 빚쟁이나 비평가나 후원자가 "꺾을 수 없는 불사신"[16]이다. 화가들의 사회에서 벗어나 자유로운 그는 평생 명성에 따르는 특권을 차지한다. 시기하는 비방자들을 난처하게 만들려면 그림만 그리면 된다(태양이 빛을 발하기만 하면 되듯이). 서머싯 하우스[17]에서 전시하려면 그저 그림을 보내기만 하면 된다. 또 왕립 예술원과 귀족 사회, 정부 각료, 왕족의 연례 만찬에는 한 번만 얼굴을 비추면 연중 내내 어디에도 참석하지 않아도 된다. 군주들의 성찬을 대접받던 사람이 밥을 굶을 지경에 처하겠는가? 감히 어느 관리가 후작과 스스럼 없이 지내며 작위를 받은 사람의 어깨를 두드리겠는가? 아무도 못한다. "잔인한 집행관인 죽음"마저 그에

---

16 셰익스피어 『맥베스』 V. viii. 12.
17 1776-1856년에 걸쳐 지은 런던의 대규모 공공 건물 단지로 관공서와 문화, 공익 사업 등 다용도로 쓰였다. 건물 중 북관은 왕립 예술원의 활동에 쓰였는데 여기서 매년 전시회가 열렸다.

1795년 왕립 예술원 총회. 당시 원장이었던 벤저민 웨스트가 가운데 앉아 있다.

게서 저만치 뚝 떨어져 있는데 말이다. 그러면 이 예술원 회원은 장부에 기록된 명예를 누리며 끊임없이 일하는 가운데 불멸을 미리 맛본다. 오, 그의 시간은 얼마나 금빛으로 빛나는가! 낮이 짧은 겨울에는 시간을 절약해 그림을 그리고 저녁이 긴 여름날에도 의뢰받은 일이 있으니 말이다! 그는 계속 그림을 그릴 뿐 내일 일은 신경 쓰지 않는다.

그런 점에서 만사형통이다. 그가 보내는 청구서마다 꼬박꼬박 지불되고, 그가 발행하는 수표들도 때맞춰 지급된다. 화실 밖으로 나가지 않아도 직업이 직업이니만큼 운동도 되고 머리를 바쁘게 유지할 수 있다. 그림 말고도 다른 분야를 연구하고 싶으면 얼마든지 할 수 있다. 그는 최상위 명망가들 모임의 일원이 된다. 즉 작품을 의뢰한 고관대작들이 모델을 서는 동안 이야기를 주고받을 수 있는 사이가 된다는 뜻이다. 그리고 예술원의 정기 회의에 참석하고 음모와 권모술수에 개입한다. 그는 고상하고 유유자적한 삶을 누린다. 그가 명성을 좋아하면 명성의 신이 그의 머리 위에 사라지지 않는 무지개를 만들어 씌워 준다. 그가 돈을 좋아하면 플루토스[18]가 그의 발밑에서 금광을 캐내 준다. 그가 손대는 것마다 금으로 변한다. 일을 시작하기도 전에 전액의 절반을 착수금으로 받는다. 주문이 문전성시를 이룬다. 그가 그린 초상화는 실물과 닮았고 역사화는 만족할 만하다. 왕립 예술원 회원의 재능이나 성취에 이의를 제기하는 사람은 스스로 보는 눈이 없음을 드러내는 꼴이다. 설령 어떤 예술원 회원의 그림들이 그다지 인정을 못 받는다 해도 그는 사람이 좋고 대화에 능하다. 아니면 품위와 교양이 있고 옷을 잘 입는 사람이라 사교 모임을 빛내 주는 역할을 한다. 이렇게 왕립 예술원 회원이라는 신분은 쓸모가 없지 않다. "그의 삶은 부드러운 굴대를 축으로 돌아간다." 욕구가 충족되고 여가 활동이 만족스러운 삶의 순환 속에서 모래시계의 마지막 모래 알갱이가 떨어질 때까지 삶의 굴대가 순조로이 돌지 않을 까닭이 없는 듯하다.

내가 지금까지 알아 온 왕립 예술원 회원이나 일반

---

18 그리스 신화에서 부(富)의 신.

화가 등등 모두를 통틀어 노스코트가 가장 내 취향에 맞다. 노스코트에 대해서는

> 그가 지닌 무한한 다양성은
> 나이에 위축되지도 친숙함에 감소되지도 않을 것[19]

이라고 말할 수 있다. 사실 노스코트가 따분해지는 일은 있을 수 없다. 그는 설령 똑같은 이야기를 반복해도 새 생명을 불어넣는 말투와 아침처럼 신선한 관점으로 새롭게 들리도록 만들기 때문이다. 똑같은 이야기를 반복하거나 무슨 말을 할지 예상하게 하는 사람은 얼마나 지겨운가(상당히 조야하고 추하고 건조하고 생기가 없다는 생각이 드는 것이다)! 이렇게 대비하는 것은 어딘가 불공평해 보이지만 나는 다만 노스코트라는 걸출한 인물의 활기에 경의을 표하기 위해서 이럴 뿐이다. 노스코트의 말투는 순전히 즉흥적인데, 케이닝[20]의 웅변과는 정반대다. 노스코트의 생각은 전부 부지중에 떠올랐고, 그것은 사람들에게 놀라

---

19 셰익스피어 『안토니와 클레오파트라』 II. ii. 247를 변형하여 인용함.
20 George Canning(1770-1827), 영국의 토리당 정치가.

움과 즐거움을 안겨 주었다. 아마도 노스코트 자신에게 놀라움과 즐거움을 준 생각이었기 때문이리라. 그의 대화에는 셰익스피어 극의 대화에서 지적되는 무의식적인 면이 있다. 즉 노스코트는 어떤 의견을 말할 때마다 마치 안개가 단계적으로 걷히면서 풍경이 드러나듯이 사람을 놀라게 한다.

노스코트는 왜소한 몸집에 깡말랐고 몽롱한 분위기가 감돈다. 하지만 나중에 떠오르는 모습은 표정이 풍부하고 보기 좋은 얼굴뿐이다. 물론 몸은 논외다. 꾸

노스코트 자화상, 1814년경

밈없고 유쾌하며 느긋한 그의 언행과 천진난만한 면모를 제대로 표현하기가 쉽지 않다. 때로는 그림에 관해 짧게 얘기하다가, 때로는 코담뱃갑을 찾고, 때로는 요즘 읽고 있는 책을 말하며, 때로는 좋아하는 미술 작품 이야기로 돌아간다. 노스코트는 사람들과 함께 있어도 혼자 있는 것 같다고나 할까, 자신의 생각을 상대하고 있는 사람 같다. 국회의원이든 미인이든 어린아이든 젊은 미술가든 누가 그의 작업실에 들어와도 노스코트가 사람을 대하는 태도에는 차별이 없다. 마치 함께 사는 가족의 일원처럼 자연스럽게 그들에게 말을 건다.

어떤 때는 어린 학생처럼 바닥에 주저앉아 오래된 판화들을 넘겨 보는 노스코트를 볼 수 있다. 얼마 전에는 난파선에서 보트로 올라탄 사람들을 묘사한 그림을 마주보며 "이건 내 그림들 중에서 스케일이 제일 크고 독창적이지!"라는 그의 말을 듣고 기분이 좋았던 적이 있다. 자만에서 나온 말이 아니었다. 그 말에는 진실과 순수의 아름다움이 그대로 담겨 있었다. 그 그림은 실로 구상이 훌륭하고 활기찼다. 엥글필드 함장과 선원들에게 닥친 일을 묘사한 것이다. 함장은 노스

토머스 고갱이 판화로 재현한 노스코트의 〈켄타우로스 난파선〉 1782년

코트에게 사건의 경위를 이야기해 주고 초상화 포즈를 취했다. 그런 뒤 함장은 와핑에서 데리고 온 배에 탔던 사람들을 모델로 서게 했다. 노스코트가 이들을 의례적인 구도에 맞게 배치하고 있는데, 당시 솜씨 좋은 작가로 기세등등한 제프리라는 화가가 마침 그를 방문했다가 이렇게 말했다. "에이, 웨스트[21]처럼 평범하게 구도를 잡으면 절대로 좋은 게 안 나온다니까요. 이렇게 운동감을 줘야죠." 이에 따라 노스코트는 파도를 타는 해마처럼 뱃머리를 위로 들어올리고 구성 요소들이 혼란에 빠진 것처럼 만들었다. 제프리는 해질 무렵 작업실에서 나가며 마지막으로 그 그림을 보고는 "저걸 보니 간담이 서늘해"라고 말했다. 노스코트는 포즈를 취했던 모든 사람들의 표정을 거의 그대로 살렸다. 두말할 나위 없이 훌륭하고 진정 영국적인 그림이다. 진실에 다가간 이 그림은 순조롭게 역사에 기록되었다.

보트에 오르려고 바둥거리는 한 젊은 신사의 얼굴 모습이 있다. 선원들은 노를 써서 그를 밀어내려 한

---

21 Benjamin West(1738-1820), 영국의 역사화가.

다. 하지만 신사는 굴하지 않고 애원한 끝에 선원들의 마음을 돌렸다. 그들은 본선이 가라앉기 전에 고작 비스킷 한 자루를 작은 배로 던져 실었다. 비스킷은 한 사람당 하루에 한 개씩 배급되었다. 비가 오면 손수건을 빗물에 적셔 병에 짜 두고 이 물에 비스킷을 적셔 먹었다. 대서양에서 그렇게 십육 일을 표류하다 스페인의 어느 해변에 도달했다. 한꺼번에 너무 많은 음식을 먹지 말고 몸을 서서히 회복해야 했는데, 그게 무척이나 어려웠다. 엥글필드 함장은 사고 당시보다 그 후에 더 큰 고통을 겪었다고 말했다. 절벽에서 떨어지는 악몽을 오랫동안 떨치지 못했던 것이다. 표류하던 보트에서 그들은 즐거운 이야기를 주고받으며 최대한 서로의 사기를 북돋아 주었다고 함장은 말했다. 한편 그 힘든 상황에서 불평의 소리가 터져 나올 때는 그 젊은 신사가 "그래도 상황이 아주 나쁘진 않아요. 아직은 서로를 잡아먹을 지경은 아니잖아요!"라고 했단다. 대화의 화제가 무엇이든 그때의 장면들이 함장의 머릿속에 되살아났고, 모든 실제 상황들이 꾸밈없이, 기억해 내려는 수고도 없이 사람들에게 그대로 제시되었다. 그림으로 말하기라고 할 수 있을 것이다. 노스코트는 항상 어떤 적절한 은유나 일화를 그림으로 말할 수 있었다.

얼마 전에는 한 젊은 판화가가 모자 속에 판화 한 장을 넣어 가지고 노스코트의 작업실에 왔다. 구겨지지 말라고 그랬다는데, 걸어오다 몇 번이나 바람에 모자가 벗겨져 판화가 날라갈 뻔했다고 했다. 그러자 노스코트는 이런 말을 해 주었다.

"그 말을 들으니 플리머스에 사는 새 잡는 사람이 생각나는군. 새를 잡으면 그걸 모자 속에 넣어 가지고 집에 가곤 했지. 그런데 한번은 길에서 내 아버지와 마주쳐 인사하려고 모자를 벗었다가 새가 전부 날아가 버렸다지 뭔가!"

노스코트는 종려나무랄지 하늘 같은 것은 사다리를 놓고 꼭대기에 올라가 그리곤 했다. 그런 상황에서도 누가 무슨 말을 하면 귀를 기울인다. 언젠가 내가 현대 시인들이 보이는 이상한 모순점들을 말하다가 그 중 특히 유별난 시인에 이르렀을 때였다. 노스코트가 사다리에서 내려오더니 팔레트와 붓을 바닥에 찬찬히 내려놓고는 나에게 다가왔다.

"내 그럴 줄 알았어. 바로 내가 추측했던 대로야.

하지만 그들은 포프와 드라이든에 대해서도 나쁘게 말하는 시인들 아닌가."[22]

나는 그렇게 뛰어나고 통렬하며 꾸밈없는 풍자를 들은 적이 없었다. 그의 입에서 흘러나오는 말은 가장 상스러운 내용이라도 품격의 진수를 보여 주는 듯했다. 노스코트는 포프의「저버스에게 부치는 서간체 시」에 대해 이야기하면서 다음과 같은 몇 행을 암송하기도 한다.

> 미의 여신들[23]이 당신의 모든 초상화를 인정하고
> 그들 얼굴에 신성한 분위기를 불어넣는다 해도,
> 시의 여신들이 내 운율을 흐르게 하고
> 자신들의 매력만큼이나 강하게, 자신들의 영혼만큼이나
> 부드럽게 할지라도
> 당신의 브리지워터 공작부인이 제욱시스[24]의 헬렌과 미를
> 겨루며

---

22 존 드라이든(1631-1700)은 왕정복고 시대 최고의 시인이었고, 알렉산더 포프(1688-1744)는 계몽주의 시대 최고의 시인으로 꼽힌다.
23 미(美)의 세 여신 아글라이아(빛의 여신), 유프로시네(기쁨의 여신), 탈리아(희극과 목가의 여신)를 가리킨다.
24 Zeuxis, 고대 그리스의 화가.

그랜빌[25]의 마이라가 죽을 때까지 그 모든 것들이 찬미될지라도,

아! 우리가 무덤에서 끌어낼 수 있는 것은 얼마나 적은가!

당신은 얼굴만을 보존하고 나는 이름만을 보존할 뿐!

또는 노스코트가 보카치오와 이사벨라 이야기, 즉 이사벨라가 애인의 머리를 보관하던 바질 단지에 매일 눈물로 물을 주었는데 "바질이 쑥쑥 자라더라"는 이야기를 할 때는 그의 눈가가 어찌나 촉촉해지던지. 바질 단지가 앞에 있다면 그의 더듬거리는 말소리에 잎이 흔들릴 것만 같았다.

퓨젤리[26]와의 대화는 노스코트보다 인상적이고 화려하지만 그처럼 즐겁거나 자연스럽지 않다. 퓨젤리는 역설과 풍자가 담긴 우화와 상징을 그리고 그 내용을 논한다. 사람들은 퓨젤리에게서 휴식이 없는 수고를 느낀다. 무심하게 늘어놓는 익살도 없다. 개성적인

---

25 George Granville(1666-1735), '마이라'라는 이름의 뉴버러 백작부인에게 바치는 시를 썼다.
26 Henry Fuseli(1741-1825), 스위스의 화가.

미술가의 노년에 관하여

노스코트가 그린 퓨젤리 초상화, 1778년

붓질도, 본성에서 나오는 특색도 없다. 모든 것에 지나치게 공을 들인 티가 난다. 그의 생각은 자신의 생김새처럼 울퉁불퉁하고 단단하며 일그러진 느낌을 준다. 논리는 다리를 벌리고 활보하는 자신의 걸음걸이 같고, 계획은 자신의 제스처처럼 원대하며 높은 곳을 향한다. 그러나 그 성과는 자신의 모습처럼 투박하고 대단찮다. 그의 그림들도 양철 테에 박아 넣은 돌 같은 눈동자와 끈이나 철사처럼 얼기설기한 근육을 가진 그 자신 같다.

하지만 확실히 퓨젤리는 매우 엉뚱하고 괴이한 상

상을 조합할 수 있는 천재적인 사람이다. 안됐지만 그는 회화에는 발을 들이지 말았어야 했다. 그의 그림은 늘 감각의 시험대로 전락되니 말이다. 그는 차라리 단테 또는 아리오스토[27]에 조금 가까우면 가까웠지 미켈란젤로나 라파엘, 코레조에는 한참 못 미친다. 그건 나도 마찬가지다. 퓨젤리는 자연 앞에 서면 난감해진다고 투덜댄다. 그러면서도 "애완견을 움직이지 못하게 안은 부인들을 그리는" 화가들을 비웃는다. 또 가끔씩 옛날 대가들에 관한 진실을 드러내는 글을 쓰거나 격정적인 말을 하기도 한다. 누구나 처음에는 퓨젤리에게서 깊은 인상을 받겠지만 더 자주 보고 싶은 사람은 노스코트일 것이다. 퓨젤리의 화법은 대체로 겁이 없고 사람을 놀라게 하는 측면이 있는데 노스코트처럼 마무리가 섬세하거나 어조가 부드럽지 않다. 퓨젤리의 말투가 귀에 거슬리거나 불쾌한 데가 있다면 그게 무엇이든 외국인 특유의 부자연스러운 억양으로 유창하지 않은 영어를 쓰기 때문이다. 이 결점은 그에게 없던 개성을 부여해 주고, 분한 감정이 너무 퉁명

---

27 Ludovico Ariosto(1474-1533), 이탈리아의 시인.

미술가의 노년에 관하여

스럽거나 격렬해지지 않도록 해 준다.

퓨젤리와 노스코트에 비하면 고(故) 웨스트(전 왕립 예술원 원장)는 지나치게 기계적이고 평범했다. 다시 말해서 그는 "중요하지도 않고 성공할 가망도 없는"[28] 화가였다. 그도 체격이 작고 말랐으나 이목구비는 반듯하고 잘생겼으며, 자기만족에 빠진 꼼꼼하고 진지한 사람이라는 분위기를 풍겼다. 마음속으로 자기는 세상에서 가장 위대한 화가(고로 가장 위대한 사람)라는 확신이 얼마간 작용해서 나온 모습이었다. 그의 생각에 왕이든 귀족이든 모두 일상의 평범한 사람들이지만 이 지구상에 웨스트는 단 한 명뿐이었다. 자신과 우월함의 영예를 한껏 나누고 싶은 사람이 있다면 보나파르트 단 한 명뿐이었다. 웨스트는 자신이 그린 그림은 완전체라고 생각했다. 미술에 관해 아는 거라곤 법칙뿐이었고 그는 이것을 엄밀히 준수하여 그렸다. 따라서 그의 그림은 자신의 이론에 비추어 볼 때 매우 올바른 것이었다. 웨스트는 회화를 기계적인

---

28 셰익스피어 『헨리 4세』 1부, III. ii. 45.

벤저민 웨스트 〈팔에서 뱀을 떨쳐 내는 성 바오로〉 1786년

또는 과학적인 공정이라고 여겼다. 그래서 개인의 초상화든 군상화든 자신이 설정한 최상의 구도로 그린 것이라면 그 방식에 아무런 의심을 품지 않았다. 목수가 자를 대고 분필로 선을 긋고 그것이 직선이라고 확신하거나, 수학자가 삼각형의 두 예각을 합한 것은 직각과 같다고 확신하는 것과 다르지 않았다.

오십 년 노고의 결실인 자신의 전시실을 둘러본 웨스트는 어느 하나 더하거나 뺄 작품이 없다고 생각했다. 자신의 작품에 대한 평가가 과시나 자랑처럼 보일지도 모른다. 하지만 그 평가에는 진실하고 천진난만한 순박함이 있다. 웨스트의 〈팔에서 뱀을 떨쳐 내는 성 바오로〉를 본 누군가가 (그린위치 병원에서였던 걸로 기억되는데) "천재성이 좀 터져 나오더군요!"라고 말한 적이 있다. 그런 걸 보면 웨스트는 자기 자신을 벗어난 곳에, 자신의 실제 능력과 지식 너머에 무엇이 있는지 아무것도 모르는 운 좋은 사람이었다. 그로서는 발에서 무릎까지 길이를 재고, 종아리의 근육이 몇 가닥인지 헤아리고, 대상을 세 그룹으로 나누고, 연민이나 경이를 표현하기 위해 눈썹을 치켜올리고, 분노나 경멸에는 눈살을 찌푸리게 그리는 것이 미술의 전부였으니 말이다. 웨스트는 자신이 소장한 루벤스의 그림을 보고는 대수롭지 않게 "이 사람 얼굴에 표정이 있었으면 딱인데, 그거 참!"이라고 말하기도 했다. 이 천부적 자아도취는 태생과 종교 같은 부수적 상황 때문에 강화되었을지 모른다. 웨스트는 미국 태생이니 영연방의 미술계에서 선배를 모시지 않아도 된다고 생각할 수 있다. 또 퀘이커 교도라서 그런지, 자신의 미술 이론이나 창작에 반감을 가진 사람에게는 종파적 자급자족의 정신이 깃든 미소로 화답했다. 웨스트는 명예의 전당에 선택받아 들어가리라는 확고한 신념 속에서 장수하다가 영원의 품에 안기어 영면을 맞았다! 행복한 오신(誤信)이 아닌가! 부러운 노인이다!

현재 살아 있는 저명한 미술가로 플랙스먼이 있다. 그는 미술가로서 성공을 거두었고 활동적인 노년을 보냈다는 점이 두드러진다. 다른 화가들처럼 그도 체격이 자그마하다. 나는 그를 잘 모르지만 기품 있는 조각가이며 심오한 신비주의자라는 것은 안다. 신비주의는 우리 시대 많은 미술가들(루테르부르, 코즈웨

존 플랙스먼의 자화상, 1779년

이, 블레이크, 샤프, 발리 등등)의 공통된 특성이다. 이들은 극단적 사실성이 주는 단조로움을 덜기 위해 초자연주의 영역으로 외도하여 비몽사몽간을 헤매는 듯하다. 그래서인지 그들의 발상은 구름이 빠르게 흐르는 하늘에 드문드문 푸른 부분과 반짝이는 별이 엿보이는 폭풍의 밤을 보는 것 같다!

코즈웨이[29]는 마지막으로 언급할 사람이다. 이 이름에서 잠시 멈추고, 독자에게 양해를 구하며 서투르게

---

29 Richard Cosway(1742-1821), 영국의 초상화가.

나마 덧없는 추모를 바친다. 그는 덧없는 공상의 자식이었으니까. 가령 그가 가진 미술품 견본들과 취미로 모은 골동품들이 어둑하고 몽롱한 분위기 속에서 먼지를 뒤집어 쓰고 무질서하게 뒤섞여 있으며, 많은 것들이 상상력을 요구하고(지나치게 공을 들여 세련되지만 하찮은 신식의 수집품과는 얼마나 다른가!), 옛 거장들의 작품을 모사한 복제화들은 표면이 갈라지고 손상되어 있었는데, 이 모든 것들이 한데 어우러져 마치 동화의 나라에 들어온 기분을 주었다. 그 복제화들은 코즈웨이 자신이 덧칠하고 다시 손질한 것들인데도 그는 진품이라고, 원그림이라고 단호히 말하곤 했다.

코즈웨이가 보기에 다른 모든 수집가들은 바보다. 그들은 진품을 찾아내는 일에 어떤 수고도 아끼지 않지만, 진품은 자신이 가지고 있다고 코즈웨이는 말했다. 그는 콧구멍으로 불어낸 생기와 왕성한 상상력이 일으키는 연기로 순식간에 진품들을 만들어내는 것인가. 아벨라르[30]가 앞에 놓고 기도한 십자가, 엘로이즈의 머리카락 한 타래, 펠튼[31]이 버킹엄 공작을 암살할

---

30 Pierre Abélard(1079-1142), 프랑스의 스콜라 철학자.
31 John Felton(1595-1628), 영국의 군인으로, 버킹엄 공작을 암살했다. 버킹엄 공

때 쓴 단검, 조콘다³²를 스케치한 최초의 완성본, 티치아노가 그린 웅장한 피에트로 아레티노³³의 측면 초상화, 이집트 왕의 미라, 불사조의 깃털, 노아의 방주에서 나왔다는 파편 한 조각 등이 코즈웨이의 수집품들이다. 이것들은 과연 진품이었을까? 그렇든 아니든 무슨 상관인가? 수집품들에 대한 그의 믿음이 순수했는데. 이런 문제에 천리안을 타고난 코즈웨이는 무엇이든 믿기 힘든 것을 믿을 수 있었다. 상상력이 그를 지배했고, 그 효과가 얼마나 선명했던지 상상 안에 이미 진품이 내포되어 있었다. 코즈웨이는 좋은 느낌을 주는 것과 진실한 것을 동일하게 취급했다. 그는 스베덴보리³⁴의 신비설을 믿었고, 동물자기(動物磁氣)³⁵의 존재도 긍정했다. 삼위일체의 누구와도 대화했으며, 아래층의 하인에게 도관을 연결해 이야기하듯이 멀리

작은 국왕 찰스 1세의 총애를 업고 부를 축적하고 외교와 국방을 파탄냈다. 영국 국민은 존 펠튼이 사형을 당한 후에도 그의 이름을 기렸다.
32 레오나르도 다빈치의 〈모나리자〉는 이탈리아의 귀족 부인 리자 델 조콘도를 그린 것으로 전해진다.
33 Pietro Aretino(1492-1556), 이탈리아의 작가로 당대의 미술과 정치에 상당한 영향력을 행사했다. 티치아노의 친구였다.
34 Emanuel Swedenborg(1688-1772), 스웨덴의 기독교 신학자.
35 18세기 독일 의사 프란츠 메스머의 이론으로 생물에게는 다른 생물에게 영향을 주는 신비로운 힘이 있다는 것이다. 다른 말로는 최면술이다.

코즈웨이의 자화상(상단)과 여러 세밀화들

이탈리아의 만토바에 있는 아내와 모종의 섬세한 감각 매체를 통해 소통한다고도 했다.

코즈웨이는 이상적 명제 앞에서 주춤하는 사람이 아니었다. 한번은 왕립 예술원 만찬에서 '램버트의 도약'[36]이 정말이냐는 소리가 나왔는데 코즈웨이가 벌떡 일어나더니 그건 사실이라고 말했다. 자기가 그 사건의 주인공이기 때문이라는 것이었다. 또 한번은 화이트홀 궁전 천장에 그려진 제임스 1세 왕의 무릎 직경이 3미터나 된다고 나에게 확신시키듯 말한 적도 있다 (그림을 보수하던 치프리아니[37]와 함께 직경을 쟀다고 한다). 코즈웨이는 안경을 쓰지 않고도 성경의 「계시록」을 읽고 숨겨진 뜻을 찾아낼 수 있었고, 엘바 섬에 유배된 보나파르트의 귀환을 예언했다. 심지어 세인트 헬레나 섬에서 귀환할 것까지도 예언했다! 영국 여자들 가운데 둘째가라면 서러울 정도로 숙녀다운 그의 아내는 파리에서 남편이 어떤 사람이냐는 질문에

---

36 1759년 영국 뉴캐슬에서 램버트라는 청년이 타고 가던 말이 무언가에 놀라 샌디퍼드 레인이라는 길 옆으로 도약하다 10미터 아래 얕은 개울로 떨어졌으나 말 등에서 떨어지지 않고 살았다는 이야기. 일설에는 떨어지다 나뭇가지를 잡아 살았다고도 한다.
37 Giovanni Battista Cipriani(1727-1785), 영국에서 활동한 이탈리아의 화가.

"늘 웃고, 늘 행복해요"라고 대답했다. 코즈웨이의 품성이 그러했다. 그에게는 프랑스인의 피가 흐르고 있었음에 틀림없다. 그의 영혼에는 새의 생명이 깃들었던 것 같다. 풍채와 태도는 또 얼마나 경쾌한지, 그가 구두끈을 매려고 앉는 모습을 보면 쇠약하고 왜소한 초로의 신사라기보다는 미의 여신들이 옷을 입혀준 비너스 같다는 생각이 들 정도로 우아했다. 코즈웨이가 그린 작은 세밀화와 전신화는 단순히 당대의 유행에 따른다기보다는 유행 그 자체였다. 코즈웨이의 미켈란젤로 모사화들은 세밀화와 전신화만큼 인기를 끌지 못했다. 아흔 살[38]이 넘어서 은퇴한 코즈웨이는 육십 년 이상 귀족과 귀부인의 초상화를 그린 중풍 든 손을 들어 보이며 덧없는 인간의 희망에 미소를 짓곤 했다. 그러면서도 쾌활함은 줄어들지 않았다. 코즈웨이에게서 그 모든 허물과 어리석은 언행을 발견한다 해도 우리는 그와 같은 인물을 다시는 만나지 못할 것이다.

왜 이러한 인물들이 죽어야 하는가? 본인들에게도

---

38 해즐릿이 코즈웨이의 나이를 조금 잘못 알고 있었던 듯하다.

그렇지만 우리에게도 좀 가혹한 것 같다. 근심으로 인한 마음의 상처도 입지 않고, 적의 공격 목표가 되지도 않는데 말이다. 마음속에 있는 죽음이 살아 움직이는 유령 같은 그들을 덮친다. 그들은 생명을 지탱하는 공기를 많이 소비하지 않는다. 그들의 둔해진 기능은 말년에 들어서도 오래 지속된다. 오직 그림을 그리거나 대화를 나누거나 생각하기 위해서만 산다. 노년에 따르는 신체적 결함이, 수전노의 결핍이 그들을 괴롭히는 걸까? 대다수 미술가들이 죽음보다는 가난을 두려워한다. 빈곤 속에서 인생을 시작해서 그런지 빈곤 속에서 끝마치리라는, 채무로 기소되지 않기 위해 죽는다는 생각이 그들을 따라다니며 괴롭힌다. 그렇지 않다면 그들은 "점괘를 무시하고"[39] 더 오래 세상에 남아 있을지 모른다!

---

39 셰익스피어『햄릿』V. ii. 192.

그 착각은 풍부한 상상력을 요한다!

- 셰익스피어

왜 먼 것이 좋아 보이는가

먼 것은 좋아 보인다. 우선 공간과 크기의 관념이 수반되기 때문이다. 우리는 눈에 너무 가까이 들이대지 않은 먼 것에 어렴풋하고 비현실적인 상상의 색을 입힌다. 지평선의 아련한 능선을 바라보며 우리는 그곳으로 가는 길에는 어떤 흥미로운 것들이 있을까, 그리고 그 길에서 어떤 경험을 하게 될까 얼마간 상상해 보기도 한다. 우리는 하늘과 맞닿는 그곳에 이르고 싶은 또는 "저 너머 멀리 펼쳐진 새로운 땅과 강, 산을 발견"[1]하고 싶은 희망과 소원을 품는다. 그러다 보면 우리

---

1 존 밀턴 『실낙원』 I. 290-291.

의 감정은 거추장스러운 껍데기를 벗는다. 감정의 밀도는 낮아지고 부피는 불어난다. 이윽고 감정은 부드러운 무언가로 아름답게 빛나며 하늘빛으로 물들고 이 세상 것이 아닌 듯한 형상으로 변모한다. 우리는 하찮은 지금 여기에서 호흡하며 저 너머 욕망의 대상에게서 고상한 존재 양식을 빌리고, 흐릿한 시야에서 사라지는 풍경 속에, 어렴풋한 저 너머의 희미한 공간에 미지의 가치를 지닌 형상들을 채운다. 한편 막연한 기대감은 희망과 소원과 매혹적인 공포로 채색된다.

> 하지만 오, 희망이여! 눈이 아름다운
> 당신이 좋아하는 길은 무엇이었나요?
> 당신은 즐거움을 약속하는 말을 속삭이며
> 저 멀리 우박을 보고 아름다운 광경이라 하지 않았나요![2]

감각과 지식을 넘어서는 것이 무엇이든, 불완전하게 식별되는 것이 무엇이든, 상상력은 자기가 편리한 대로 모자라는 부분을 채워 나가고, 열망은 이 순간과

---

2   영국의 시인 윌리엄 콜린스(1721-1759)의 송시 「열망」

장소를 제외한 모든 것이 제 것이라면서 날개를 활짝 펴고 모든 것을 품에 안고서 순간의 표면에 자신의 형상을 새긴다. 무한한 공간의 지배자인 열망은 경계에 서서 아직 안으로 들어오지 못한 대상에게 손길을 뻗어 안쪽으로 끌어들인다. 나는 어렸을 때 높은 산이 보이는 곳에서 살았는데, 석양과 한데 어우러진 푸른 산꼭대기는 갈망하는 눈과 방랑자적 발길을 유혹했다. 어느 날 나는 그곳에 갈 계획을 세워 실행에 옮겼다. 그런데 막상 산 앞에 도착해 보니 거대한 흙더미만 있을 뿐, 상상 속 형상들을 빚어낸 영롱한 빛의 분위기는 없었다. 이때 나는 "야로 강은 가지 않고"[3] 상상만 하는 것이 좋다는 교훈을 얻었다. 행복한 꿈을 공연히 깰 필요는 없는 것이다.

시간의 간격도 공간의 거리와 비슷한 효과를 낳는다. 좋은 것을 상상하면 미래의 전망도 영향을 받고, 그러면 기억의 형상이 지워지기도 한다. 시간은 고통의 침을 뽑아 준다. 슬픔을 생각과 격정의 보존액에 계속 담금질하면 그 본질이 변형된다. 원래 가졌던 인

---

[3] 윌리엄 워즈워스의 시 「가지 않은 야로 강」은 어떤 곳을 방문해서 실망할 위험을 무릅쓰느니 안 가는 편이 좋다고 암시한다.

상은 우리가 소망을 투영했다는 흔적만을 남긴다. 오르지 않은 가파른 오르막길과 황량하고 흉물스러운 경험의 산들은 다시금 우리 눈에 기만의 꺼풀을 씌운다. 산꼭대기에는 금빛 구름이 내려앉고 중턱은 상상의 자줏빛에 감싸이는 것이다! 우리는 이 과정을 되풀이하며 살아간다. 우리 존재가 하늘나라에 가기 전까지는!

인간의 마음에는 말하자면 선(善)으로 "향하는 거대한 강"[4]이 흐른다. 모든 것은 그 강에 떠서 시나브로 떠내려간다. 인생의 항로에는 암초와 험한 날씨 같은 거센 좌절의 요소들이 놓여 있다. "인간사에는 영고성쇠"[5]가 있고 영혼은 열망으로 부풀고 들썩이는 까닭에 "돛과 삭구가 너덜너덜해져도"[6] 우리는 난파선의 파편 같은 존재를 몽땅 끌어안고 표류하다가 욕망의 항구, 욕망의 안식처로 흘러 들어간다! 그리하여 우리가 애착하는 모든 것은 의도가 행동을 대신한다. 달갑지 않은 상황들이 누르는 압박이 제거되는 순간, 마음은 그

---

4 윌리엄 워즈워스 『유람』 IX.
5 셰익스피어 『율리우스 카이사르』 IV. iii.
6 존 밀턴 『실낙원』 II. 1044.

압박에 반동하여 탄성을 회복한다. 바로 이 마음이 우리의 본질을 반영하며, 선의 형상과 재결합한다.

지극히 보잘 것 없던 일들도 인생의 말년에 이르러 먼 관점에서 뒤돌아보면 회상에 회상을 거듭하면서 확대되고 풍요로워지며 급기야 흥미로워 보이기까지 한다. 지독했던 고통도 시간에 의해 부서져 결국 가라앉는다. 어떤 사물은 불현듯 옛일을 떠올려 사람을 식겁하게 하는데, 그러면 애타는 갈망이 솟구치기도 한다. 우리는 그럴 때 얼마나 시간의 간극을 뛰어넘고 싶어 하는가! 얼마나 헛되이 지난날의 느낌에 연연하며 그것을 되살리고 싶어 하는가!

그 착각은 풍부한 상상력을 요한다![7]

사실 우리는 자신이 무엇을 바라는지 모르고 스스로를 기만한다. 자신이 과거에 이러저러한 사람이었다고 상상하다가, 교묘한 잔꾀나 기묘한 망상으로 그간 상상하던 사람이 되고 싶고, 급기야는 인생을 처음

---

7 셰익스피어 『한여름 밤의 꿈』 V. i.

부터 다시 시작하고 싶다.

우리의 이목을 집중시키고 "고동치는 심장에 들러붙는"[8] 것은 멀리서 희미하게 깜박이며 꺼져 가는 작은 불빛이 아니라, 그 불빛과 우리 사이에 놓인 간격이다. 이 간격 너머에 가물가물 보이는 경계는 마음속에 온갖 잡음을 일으킨다. 아련한 욕망과 무수한 회한이 밀려들고 우리의 존재 안에 놓인 그 큰 간격을 채운다. 소멸한 줄 알았던 기억은 크나큰 힘으로 그간 잠자던 그늘진 과거를 드러내며 변화한 자신을 대비시켜 보여 준다. 그러면 우리는 최종 목적지인 그 가물가물한 경계를 응시하다가 우리가 걸어온 인생 여정의 지도를 들여다보고 불안 섞인 기대 속에서 그 지도에 보이는 길을 되밟는다. 청소년기에는 어른들이 추구하는 것들을 열심히 바라보느라 눈을 혹사하고, 인생의 무대를 떠날 때가 가까워지면 무심했던 어린 시절에 기쁨을 주었던 장난감이나 꽃 같은 것들을 그러모으려 그렇게 애를 쓴다.

어릴 때 나는 아버지와 월워스에 있는 몽펠리에 차

---

[8] 윌리엄 워즈워스 「틴턴 수도원 몇 마일 위에서」

(茶) 농원에 가곤 했다. 지금은 그곳에 가지 않는다. 인적이 없고 풀밭 언저리와 화단이 뒤집어엎여 있어서다. 그렇다면

그 무엇으로도
푸른 초원의 찬란함과 꽃의 화려함을
돌려놓을 수 없다[9]

는 말인가? 아니다! 돌려놓을 수 있다. 나는 기억 상자를 열어 기억의 포로들을 끌어낸다. 유년기에 산책하던 장면은 아직도 색이 바래지 않고 금방 칠을 한 듯 기억에 생생하다. 여기에 새로운 감흥이 꿈처럼 엄습할 때도 있다. 더 진한 향기와 더 선명한 색들이 뿜어 나와 눈이 부실 정도다. 그러면 마음은 새로이 희열로 부풀어 오르고 나는 다시 어린아이가 된 듯하다. 이 느낌은 빛나고 생생하고 육감적이며 섬세하다. 당의(糖衣)가 씌워지고 축제 장식이 된 듯한 그 느낌.
참제비고깔의 보랏빛 꽃이 핀 화단이 보인다. 접시

---

9 윌리엄 워즈워스 「어린 시절의 추억에서 보는 불멸의 암시에 부치는 송시」

꽃 나무의 빨갛고 노란 꽃, 금가루를 듬뿍 칠한 듯한 큼직한 해바라기, 그 주위를 윙윙 날아다니는 꿀벌들, 패랭이꽃이 우거진 들, 불타오르는 듯한 모란, 꽃이 지고 열매를 맺는 양귀비, 달달한 향내를 풍기는 백합, 가지런히 굵게 자란 은은한 빛깔의 헤나, 화단 가장자리에는 회양목, 자갈이 깔린 산책로, 칠을 입은 정자, 과자 가게, 덩이진 크림…… 그러다 그 모습을 부스스한 빛이 감싼다. 아니, 내가 이 글을 쓰는 사이 그 모습들은 그냥 사라진 걸까? 어쨌든 괜찮다. 다시 조금만 생각을 모으면 되돌아올 테니까. 꽃과 풀, 잔디밭, 도시 근교의 전원에서 느낀 기쁨들을 그 천진난만했던 시절 처음 본 정원에서 빌려 지금까지 보고 있는 것이다. 그것은 기억의 화단에서 훔친 꺾꽂이일 뿐이다. 이런 식으로 우리는 어린시절의 소중한 기억을 문질러 광을 내고, 그러면서 과거를 들여다본다. 마음에서 우러나 최초로 내뱉은 기쁨의 소리를 기억하면서. 그리고 그 기쁨의 소리에서

길게 늘어선 제비꽃 밭에
몰래 향기를 실어날라 풍기는

달콤한 소리처럼

다디단 향기를 얻는다. 꽃밭도 즐겁지만 텃밭도 그러한데, 그 이유는 똑같다. 나는 양배추나 완두콩이나 강낭콩이 싹트는 모습을 보면 어렸을 때 웸[10]에서 해질녘 하루 일과를 마치고 식물에 정성껏 물을 주던 일이 떠오른다. 아침 햇살에 고개 숙인 잎을 보고 마음 아파했던 일도 생각난다. 이제는 연 날리는 어린아이들이 잘 보이지 않는데도 왠지 어린 시절 연 날리던 기억이 자주 떠오른다. 연은 나에게 '생명이 있는 물체'다. 공중에서 뒤틀리고 파닥거리며 떠는 연의 움직임이 팔꿈치에 전달되면 나는 연줄을 풀었고, 연은 구름에 닿을 듯이 하늘 높이 날아올랐다. 그러면 나의 희망도 두려움도 연에 실려 높이높이 날았다. 그때 연은 내 의식의 일부였고, 지금도 그렇다. '하늘을 활보하는 생물'처럼 내 의식에서 어른거리는 연. 그것은 내 어린 시절의 놀이 친구이며 농원과 함께 아득한 옛 추억의 쌍둥이라고 할 수 있다. 연 말고도 어린 시절

---
10 영국 슈롭셔의 상업 도시.

놀이를 더 자세히 이야기할 수 있겠지만, 리 헌트[11]가 《인디케이터》에서 대도시 완구점들의 제품들을 아주 잘 다뤘다. 그런 마당에 내가 굳이 같은 주제의 글을 쓰기로 한다면, 나는 한낱 그 독창적이고 유쾌한 저자의 평범한 모방자에 지나지 않을 것이다.

눈에 보이는 물체보다 소리와 냄새, 때로는 맛이 더 오래 기억에 남고 어쩌면 연상의 사슬에 더 좋은 고리 역할을 할지도 모른다. 맛은 본질상 연속적이지 않고 비교적 간헐적이기 때문인 듯하다. 한편 우리 앞에는 항상 어떤 물체들이 있고, 눈만 뜨면 우리의 시야에 물체들이 들어오고 이들은 계속해서 서로를 밀어낸다. 눈을 뜨고 살 수밖에 없는 우리는 망막으로 들어온 특정 물체의 인상을 받는데, 같은 물체가 되풀이해서 보이기까지 다른 수많은 인상들이 감각과 뇌에 새겨진다. 다른 감각 기관들은 시각처럼 활발하지도, 경계성을 지니지도 않고, 그렇게 자주 동원되지도 않는다. 예를 들어 귀는 소음보다 고요에 더 유혹을 받는

---

[11] James Henry Leigh Hunt(1784-1859), 영국의 비평가, 시인, 정치·경제·문화 주간지 《이그재미너》의 공동 창립자.

다. 고요를 깨는 소리는 마음에 더 깊이 가라앉고 더 오래 남는 법이다. 이런 이유로 나는 시각적 형상보다 냄새와 맛, 소리의 추억에 더 활발히 더 즉각적으로 반응한다. 냄새와 맛과 소리가 더 원형적이라서 반복에 따른 마모가 덜하기 때문이다. 첫번과 그 다음번에 받는 인상 사이에 끼어드는 게 없는 경우, 그 두 인상을 갈라놓는 시간의 간격이 아무리 커도 서로가 무리 없이 맞닿는 듯하다. 그렇게 반복된 인상은 먼젓번 인상을 불러낸다. 그럴 때 주의를 흩뜨리는 것도 없고 다른 인상이나 감각과의 경쟁도 없다.

어린 시절 북아메리카에서 혹독한 겨울을 보냈을 때 눈 속에서 열린 매발톱나무[12]의 열매 맛은 삼십 년이 지난 지금도 입안에 감돈다. 긴 세월이 흐르는 동안 똑같은 맛을 경험하지 못했기 때문이다. 그 맛은 육감(六感)에 새겨진 인상처럼 분리되어 있다. 그런데 그 열매의 색은 기억 속 다른 산딸기류의 색과 한데 뒤섞여 있다. 그 열매의 색을 다른 색들과 구별하라고 하면 못할 것이다. 또한 벽돌 굽는 가마의 냄새

---

12 Berberis vulgaris. 유럽 등지에서 자라는 야생 작물이다. 유럽에서 오랫동안 감귤류 껍질처럼 요리에서 신맛을 내는 용도로 쓰였다.

는 가마와 같은 성질의 흔적을 실어나른다. 나는 그 냄새가 (특별한 연상 때문에) 불쾌하지 않다. 그런데 벽돌 가루의 색은 다른 색과 구별이 잘 되지 않는다. 라파엘은 벽돌색과 피부색을 뚜렷이 구별하지 않았다. 사람의 얼굴을 그린 복잡한 그림보다 목소리가 더 완벽하게 기억에 남는다고 주장하지는 않겠다. 다만 익숙한 목소리가 어디선가 갑자기 들려올 때 그 소리는 갑작스레 얼굴을 맞닥뜨리는 것보다 더 감정을 자극하고 더 인상에 남는 것 같다. 목소리보다는 얼굴에 대한 기억에 더 익숙해서 목소리에 더 깜짝 놀라기 때문일 것이다.

시각으로 받아들이는 형상보다 다른 감각들로 받는 인상이 더 정확하고 더 잘 구별된다고 확신하는 것은 절대로 아니다. 내가 말하고자 하는 바는 어떤 느낌이 부지불식간에 떠오를 때 시각보다 다른 감각들이 더 구별이 잘 되고 순수하게 보존된다는 것이다. 음악이 주는 감흥 또는 낭만적인 효과는 내가 여기서 말하는 원리에 힘입은 바가 크다. 좋은 음악이라도 노상 귀에 밀려들면 우리는 그 소리에 무감각해질 것이다. 귀에 거슬리는 소음도 시간이 흐르면서 들리지 않게 되는 것과 같은 이치다. 이 맥락에서 내가 보기에 눈먼 바이올리니스트보다 더 비참한 처지에 있는 사람은 없다. 한 가지 감각 기관만 남았는데(코담배를 즐길 수 있는 감각 기관을 제외한다면) 귀가 먹먹해지도록 지긋지긋한 소리를 연주해야 하니 말이다.

셰익스피어는 이렇게 말한다.

> 밤이 되면 연인의 혀는 어찌나 달콤한 음악 소리 같은지![13]

이 구절에 관해 낮에는 서로의 얼굴에 정신이 팔려 있지만 밤의 어둠 속에서는 목소리로만 서로를 알아볼 수 있기 때문이라는 설명도 있다. 까닭은 잘 모르겠는데 나는 천사들이 고요를 깨고 말하는 듯한 소리를 들은 적이 있다. 그 소리가 주는 은은한 느낌은 달빛 어린 하늘에 마법을 걸었다. 평온과 희망을 속삭이는 그 소리를 한 번만 더 들었더라면 얼마나 좋았을까(봄바람과 어우러졌던 처음처럼)! 허공에 부드러운 진동을 일으켜 상상의 날개를 펼치고 천국을 향하게 한 그 소

---

13 셰익스피어 『로미오와 줄리엣』 II. ii. 207.

리를! 하지만 이제 그 소리는 들리지 않는다. 아니면 내게는 더이상 들리지 않는 곳을 향하고 있는 걸까?

마찬가지로 우리는 목동이 부는 갈대 피리의 매력이 무엇인지, 어째서 목동이 양떼에게 피리 부는 모습을 묘사한 그림만 봐도 그 소리가 들리는 것만 같은지 알 수 있다. 우리의 귀는 상상의 자극을 받는 것일까! 언젠가 시냇가를 거닐던 일이 생각난다. 오래전 수도사들이 세운 예배당과 암자가 있는 솔즈베리 평원의 고도보다 별로 낮지 않은 분지였다. 그곳 물가에는 버드나무와 사초가 자라고 있었다. 가까이에는 작은 교회가 있었는데, 키 큰 느릅나무와 떨듯이 흔들리는 오리나무에 가려 내가 있는 곳에서는 잘 보이지 않았다. 그런데 갑자기 오르간 소리가 크게 울려 퍼졌고 나는 깜짝 놀랐다. 소녀와 아이들이 꾸밈없는 목소리로 열렬히 부르는 찬송가가 오르간 소리에 실려 왔다. 진한 증류 향수가 발산되듯이 오르간과 찬송가 소리가 높이 울려 퍼졌다. 그 부드러운 소리에는 수많은 목초지의 이슬이 한데 엉겨 있었고, 그 속에서 천년의 고요가 말을 했고, 평온한 죽음의 아름다움처럼 내 마음을 감쌌다. 상상력은 소리를 포착하고 믿음은 그 소리를 타고 하늘로 향했다. 안개처럼 분지를 덮은 뒤에도 계속해서 퍼져 나가던 그 소리는 지금도 내 귀에 밀려들어 점점 커진다. 나는 금빛에 휩싸인 무아지경에 들었다. 세상의 소란 법석은 그 소리에 가려 들리지 않는다!

존 편[14]의 『의식론』에는 눈에 보이는 느낌과 그밖의 외부에서 받는 느낌이 어떻게 다른지 면밀하고 재미있게 비교한 글이 있다. 지금부터 허공을 떠도는 듯한 내 감상적인 글은 일단 접어 두고 존 편이 설명하는 까다롭지 않은 논증 방식의 단단한 지반으로 내려가 보고자 한다. 그는 "다른 감각보다 시각 작용이 남기는 인상이 더 생생하고 더 오래간다는 의견보다 진실에서 먼 것은 없다"고 말한 뒤, 이 입장을 뒷받침하는 실례를 든다.

여기서 시각의 장점들을 열거하기는 했지만, 사람은 아마도 어린 시절이나 그 후에 경험했던 인상 깊은 맛이나 냄새를 잊기 전에 얼굴을 먼저 잊고, 어른이 되어 보는 다른 많은 물체들 또한 먼저 잊을 것이다.

먼 곳을 여행할 때 나는 처음 접하는 음식을 모두 한두 번

---

14 John Fearn(1768-1837), 영국의 철학자.

씩 먹어 보았다. 그 가운데 어떤 것은 좋았고 어떤 것은 맛이 별로였다. 하지만 단 한 번 경험한 미각의 기억이 반복을 통해 보존되지 않을지라도 그 느낌이 잊히거나 바뀐다고 생각할 근거는 어디에도 없다. 그렇게 색다른 음식들을 맛보았고 분명 눈으로도 봤는데 나는 시각적 감흥보다는 맛을 더 정확히 기억한다.

단 한 번 오스트레일리아에서 캥거루 고기를 먹은 적이 있다. 그리고 바스라의 어느 빵집의 묘한 냄새도 기억한다. 이런 총체적 느낌들이 그 장소에 대한 시각적 인상에 못잖게 생생하다. 경험이 반복되어 그럴 리는 없고 미각과 후각이 흥미로워 그럴 것이다.

이십 년 전, 자메이카에서 어떤 열매를 대접받은 적이 (두 번인가) 있는데, 지금도 그 맛은 방금 먹은 것처럼 생생하다. 당시의 이러한 사례는 얼마든지 더 있다.

나는 시각적 기억을 잃어버리는 일을 되풀이했다. 한때 눈에 익은 것이었는데도 시간 간격이 길고 짧음에 따라 그런 일이 생겼다. 어렸을 때 입던 옷들의 다양한 촉감들은 그 자체로는 하찮지만 나는 삼십 년이 지난 지금도 그 느낌을 잊지 않았다. 그런데 불과 일주일 전에 벗어 놓은 갈색 외투의 다양한 색조의 차이는 머릿속에 분명히 떠오르지 않는다. 자신의 기억력이 나보다 더 낫다고 생각하는 사람은 자기 옷장에 무슨 옷이 있는지 자세히 묘사한 다음 그것이 정확한지 실제로 확인해 보기 바란다.

그런 종류의 감각을 기억하는 사람이라면 촉감이나 맛, 또는 냄새가 (그것이 불분명하지 않다면) 별개의 문제라고 설득력 있게 말하지 못할 것이다.

런던 시민에게 런던에 있는 교회 열 개의 정확한 모형을 보여 준 다음, 주요 부분만 바꾼 모형들을 차례대로 보여 줄 경우 우연이 아니라면 아무도 어떤 것이 정확한 모형인지 가려내지 못할 것이다.

건축가라면 훨씬 더 잘 가려낼지 모른다. 일반인과는 달리 건축가는 모든 건축물에 남다른 관심을 기울일 테니 당연하다. 건축가가 더 정확하게 기억할 수 있는 이유는 오직 관심을 가졌기 때문이다.

언젠가 어떤 사람이 "세인트 폴 성당 경내에 나무가 몇 그루나 있는지 아십니까?"라는 별난 질문을 했다. 이것은 대다수가 대답하지 못할 것을 전제로 하는 질문이다. 교회를 수백 번 지나다닌 사람들에게 물어도 다르지 않다. 세인트 폴 성당 앞을 바삐 지나다니는 사람들은 저마다 각자의 관심사에 골몰하기 때문이다.

가 본 적이 있어서 잘 아는 집에 가거나 친한 친구를 만날 때 어딘가 달라진 듯한데 그게 무엇인지 꼭 집어 말할 수 없는 경우가 흔하다. 그 집에 장식 또는 가구가 없어졌거나 아니면 달라졌거나 그것도 아니면 없던 것이 있거나, 또는 친구가 머리를 잘랐거나 가발을 썼거나 하는 등 여러 가지 변화들이 구체적으로 무엇인지 파악하기까지는 (어떤 때는 말로 설명을 듣기까지는) 조금 시간이 걸린다. 어떤 변화가 있는지 전혀 파악하지 못하는 경우도 있다.

그렇더라도 시각은 관심이 따랐을 때, 특히 대상이 너무 복잡하지 않다면, 사람의 얼굴과 전체 모습에 대해 웬만큼 정확하게 감각의 사본을 유지할 수 있다. 하지만 목소리는 얼굴이 주지 못하는 확신을 준다. 기억으로 웬만큼 실물과 같은 그림을 그릴 수 있는 사람은 뛰어난 화가이며 범상치 않은 소질을 가졌다고 여겨진다. 사람의 얼굴을 똑같이 (설령 대상이 바로 앞에 있더라도) 그려낼 수 있다는 것이 다년간 연습으로 성취할 수 있는 숙련된 기술 때문이라는 사실은 시각으로 받아들인 형상들의 기억이 부정확하다는 분명한 증거다. 아첨으로 속이는 눈만 걷어 내면, 우리는 가장 훌륭하다는 화가들조차 연습과 관심이 협력하는데도 실물과 똑같이 그려 내는 예가 매우 드물다는 것을 알게 된다.

왜 먼 것이 좋아 보이는가

아마 평범한 사람들은, 그러니까 그림을 조금 그릴 줄 안다고 할 경우, 자기 집의 커튼이든 카펫이든 실내복이든 아무리 익숙한 사물이라도 무늬가 다양하거나 불규칙적이라면 기억만으로 웬만큼 비슷하게 그려내기가 얼마나 어려운지 알 것이다. 반면에 코담배나 포도주는 복합물이라도 그 냄새가 하루 전과 달라졌다면 금방 정확하게 알아챌 것이다.

날마다 색과 색조를 비교하는 일을 하는 포목상이라도 어느 한 색의 여러 색조 가운데 먼젓번과 똑같은 색조를 기억해 내지 못할 것이다. 그리고 두 가지 천을 맞대 놓고 비교해 보지 않으면 단순한 색이라도 같은 색인지 확신하지 못할 것이다. ─『의식론』303쪽.

사람은 장소나 사물과는 달리 가까이 있거나 친할수록 더 호의적인 느낌을 준다는 말로 이 에세이를 마무리하고자 한다. 장소와 사물이 멀리 떨어져 있을수록 좋아 보이는 이유는 그것들을 비방하는 데는 관심이 없기 때문이다. 사람은 공간적으로 가까워지고 잘 알게 될수록 그 사람에게 이롭다. 그 사람에 대해 여러 사람의 입을 거쳐 잘못 전해진 사실들을 걷어낼 수 있다는 점에서 그렇다. 어떤 사람에 대한 소문이나 상상은 그것이 아무리 긍정적이라도 우리의 평가는 별로 후하지 않기 때문에 실제로 그 사람을 만났을 때 대체로 크게 실망하지 않는다. 하지만 편견과 악의는 언제나 결점을 실체보다 크게 과장한다. 우리가 실제로 아는 사람들은 거의 모두 아주 평범하다. 우리는 무지만으로도 그 사람들을 괴물이나 유령으로 만든다. 요컨대 우리는 소문이나 추측만으로 특정한 결점에 비현실적 관념을 씌우고, 우리가 싫어하는 사람의 특정 자질이나 행동을 두고 스스로를 약오르게 만든다.

하지만 사람은 구체적인 존재이지 멋대로 붙인 명칭이나 별명이 아닐 뿐더러 우리가 상상으로 그린 초상화나 캐리커처로 풍자하는 특징 말고도 좋은 또는 나쁜, 그리고 좋지도 나쁘지도 않은 수많은 다른 속성을 가지고 있다. 우리는 우리가 잘 아는 사람을 어지간해선 증오하지 못한다. 아직 만나지도 않은 상대에게 적의를 품고 있고 상대에게 그걸 알게 해 주고 싶더라도, 막상 그와 마주하면 어떤 뜻하지 않은 상황으로 적대감이 누그러진다며 투덜대듯이 말한 사람이 있었다. 그 상대가 《쿼털리 리뷰》의 평론가라도 막상 만나 보면 악평을 쓴다는 사실 말고는 다른 사람들과 별다를 게 없다. 가령 그 사람이 지독히 못생겼다거나 한쪽 눈이 없다거나 하면 그에게 품었던 적대감에 제동이 걸릴 수 있다. 관념상의 증오와 무자비한 혐오의 대상이던 사람이 생각과는 다른 사람이어서 그렇게 되는 것이다. 그가 몹시 비위에 거슬릴지는 모르지만 이제 더이상 전과 똑같은 사람은 아니다. 막상 그를 보니 여느 사람과 다르지 않게 코가 얼굴에 달렸음도 알게 된다. 연민을 느끼는 것이다! 이것만으로도 우리가 품었던 부당한 경멸심은 산만해진다. 어떤 사람은 바보스럽고 말이 없지만 웃을 때는 무언가 있는 사람 같다. 구린내 나는 보수나 쉰내 나는 진보라고 여겨졌던 사람이 정치 말고도 다른 화제를 이야기한다. 적개심에 찬 당파적 작가로 알려졌던 사람이 나중에 보니 사람 자체는 길들여진 짐승 같다는 것을 알게 된다. 적어도 사람을 물지는 않는다. 그것만 해도 대단하지 않은가.

요컨대, 우리는 그런 사람들을 대수롭지 않게 넘길 수 있다. 정반대의 결점들조차 서로 균형을 잡아 주지 않는가. 예를 들어 사람들 앞에서 쾌활해도 미련하기가 곰 같은 사람이 있다. 그러면 그냥 모욕을 주려고 그런 사람을 무턱대고 미워하기가 힘들다. 또한 파렴치한 사람이 있다고 치자. 그러나 그 사람과 가까워지면서 전에는 미처 몰랐던 것을 알게 될 수 있다. 가령 파렴치한이지만 바보라는 사실을 알고는 우리는 그를 봐준다. 그런가 하면 품행이 방탕하고 그걸 감추지도 않는 공인이 있다. 그런데 따뜻하게 악수를 나누고, 하인들에게 상냥하게 말을 건네고, 노부모를 잘 모신다는 그의 모습을 알게 되면, 정치는 일단 차치하고 그는 아주 된 사람이다. 또 어떤 사람 얼굴에 부스럼이 있다는 말을 들었지만 막상 직접 보니 얼굴이 초췌할 뿐임을 알면 그를 놀리려던 마음의 날이 무뎌지고 (그런다고 그의 사정이 개선되는 건 아니지만) 그런 거짓말을 지어낸 자에 대해 분노를 품게 된다. 스코틀랜드의 어떤 잡지사 편집장인 X가 그렇게 거짓말을 지어낸 사람이었다. 그의 실명을 알 수 없기에 달라지는 것은 없다. 나는 익명의 비평을 좋아하지 않는다. 저자가 누구인지 알면 그것으로 나는 족할 것이다. 그러니 편집장 X도 가면을 벗는 편이 좋을 것이다.

내가 두려워하고 증오하는 대상은 가면뿐이다. 가면 뒤에 숨은 사람에게도 인간다운 무언가가 있을지 모르지 않는가! 요컨대 우리가 사람들에게서 멀리 떨어져서, 또는 말의 일부만 가지고, 또는 추측에 의존하는 의견들은 흔히 외곬의 단순한 생각들로 진실에 들어맞지 않는다. 경험에서 끌어낸 의견은 '혼합 양식'으로, 유일하게 진실하고, 대체로 가장 호감을 준다. 우리의 삶은 추악하기만 하거나 관념적으로 완벽하지 않으며,

<blockquote>세상에 결함이 없는 괴물 같은 사람은 일찍이 없었다.[15]</blockquote>

"인생이라는 직물에는 좋고 나쁜 실이 섞여 있다. 미덕은 결점의 채찍질이 없으면 교만해질 것이며, 죄는 미덕이 보살피지 않으면 절망할 것이다."[16] 이것은 인간 본성의 장점과 결점을 잘 알던 사람이 오래전에 남긴 참되고 훌륭한 말이다. 학파들과 당파들, 그리고 사람들에게 별명을 붙여 분류하기를 자랑으로 여기는 철학자들은 그 의미를 아직 깨닫지 못했지만!

---

15 존 셰필드 「시론(詩論)」(1709).
16 셰익스피어 『끝이 좋으면 만사가 다 좋다』 IV. iii. 70-73.

그렇게 우리는

죽어야 할 것이다,

그것이 우리의

구원일 것이다. 더이상

존재하지 않기로 하는

선택, 서글픈 구원이지.

- 존 밀턴

삶을 사랑한다는 것은

　인간과 관습에 관한 우리의 생각에 알게 모르게 파고든 평범한 오류들을 밝히는 것이 이 글을 쓰는 목적이다. 아마도 그중 가장 흥미로운 것은 삶을 애착하는 마음이 왜 생기냐는 의문과 관련된다. 삶이란 대체로 축복인가 하는 문제를 파고들려는 게 아니다. 그렇다고 "인간은 아예 태어나지 않는 편이 가장 좋고, 차선은 태어나자마자 죽는 것이다"라는 어느 현자의 의견을 받아들일 마음은 추호도 없다. 삶의 가치를 입증하고자 할 때, 영원히 살고 싶다는 열망에서 출발하는 일반론은 전혀 결론에 이르지 못하는 것 같다. 현자든 우자든, 약자든 강자든, 절름발이든 장님이든, 죄수든 자유인이든, 성공했든 비참하든, 거지든 왕이든, 부자든 빈자든, 청년이든 노인이든, 자신의 그림자를 뛰어넘으려는 어린아이부터 무분별한 삶의 끝에서 무덤을 마주하는 노인에 이르기까지 모든 사람은 영생의 열망을 가지고 있다. 삶의 중요성과 삶에 대한 애착과 관련된 우리의 관념은 행복이나 불행과는 거의 관련이 없는 어떤 신념에 좌우된다.

일반적으로 우리가 삶을 사랑하는 이유는 즐거움이 아니라 열정 때문이다. 우리가 삶에 애착하는 이유는 삶 자체나 행복과 관련이 있어서라기보다는 살아야 행동할 수 있기 때문이다. 삶이 없다면 행동이고 뭐고 없다. 추구할 대상도, 가슴 두근두근한 욕망도, 고통스러운 열정도 없다. 그래서 우리는 삶에 애착한다. 즐거움이 종결되기 때문이 아니라 희망이 종결되기 때문에 삶이 끝나는 것을 두려워한다. 삶에 애착하는 우리의 마음이 삶에서 얻는 직접적인 만족 때문이 아니라는 것은, 즐거움을 누리지 못하거나 해결해야 할 어려운 일이 많은 사람일수록 흔히 더 죽음에 거부감을 가진다는 사실로 입증된다. 돈을 잃는 노름꾼일수록 더 필사적으로 노름에 매달리는 이치와 같다.

또 많은 사람이 삶을 사랑한다고 하면서도 할 수만 있다면 긴 시간을 단축시키고 싶었던 경험이 있을 것이다. 애디슨[1] 말마따나 "학생들은 방학을 손꼽아 기다린다. 어린아이는 어른이 될 날을 고대한다. 연인들은 결혼할 날이 빨리 오지 않는다고 안달한다." 제러미 테일러[2]도 "우리는 희망과 터무니없는 기대감에 너무 많이 인생을 허비한다. 왕의 대관식이나 철천지원수의 죽음, 또는 환희의 시간이 오길 애타게 기다리는 과정, 상상하던 것을 소유하기 전까지의 그 아까운 시간을 허비한다"고 지적한다. 우리는 지금 이때뿐만 아니라 마음에 둔 대상을 얻기까지 바로 앞에 놓인 시간(얼마나 많은 시간이든 상관없다)마저 기꺼이, 가차 없이 희생하려 든다.

우리는 주로 삶을 목적 달성의 수단으로 여긴다. 우리가 계획하는 안일한 무언가를 위해 평범한 삶의 즐거움을 일상의 불행과 더불어 싹 무시한다. 우리는 인생이라는 사막에서 애타게 찾는 몇 안 되는 오아시스를 향해 부단히 발길을 재촉하는 것만 같다. 어떤 위

---

[1] Joseph Addison(1672-1719), 영국의 작가이자 정치가.
[2] Jeremy Taylor(1613-1667), 영국의 성공회 성직자이자 작가.

험이나 고생을 겪을지는 중요하지 않다. 그곳에 기어코 도달하기만 하면 된다는 식이다.

아무리 일상이 다람쥐 쳇바퀴 돌듯 시시해도, 아무리 과거라면 신물이 나더라도, 아무리 앞날에 희망이 안 보이더라도, 죽음을 생각하면 거부감이 들고 싫기 마련이다. 마음에 그리는 행복의 가능성은 우리에게 생명이 붙어 있는 한 사라지지 않고, 그 가능성이 우리를 영원히 떠나려 할 때가 오면 더 강하게 느껴진다. 아무리 칙칙한 경치라도 무덤의 어둠과 비교하면 밝아 보이기 때문이다. 죽음에 대한 우리의 거부감은 잔잔하고 단조로운 기류의 삶보다 열정과 충동의 힘에서 온다. 그래서 저 멀리 불모지에서 고독하고 평온하게 사는 사람들이 죽음을 대수롭지 않게 여기며, 이들의 생명의 맥이 죽음 앞에서 멈출 때 몸은 격렬한 발작을 일으킬 만큼 강하게 뛰지 않는 것이다. 푸른 산속에서 잔디를 밟고 걷는 사람이나 그 아래 땅속에서 잠자는 사람이나 비슷하게 평온을 누린다. 평생의 염원을 이루고 후회나 욕구가 남지 않은 이런 사람들의 죽음은 언제나 행복하다고 여겨져 왔다. 죽음에 대한 우리의 완강한 거부는 스스로 무익한 삶을 살았다는 자각에 비례해서, 노력의 열렬함과 실망의 예리함에 비례해서, 그리고 모쪼록 지난날에 대해 값진 보상을 받겠다는 강렬한 소망에 비례해서 커진다. 우리는 존재함으로 말미암은 고통 때문에 스스로 존재를 보듬는다고 할 수 있을 것이다. 그리고 살아가는 매 순간, 저마다 차이는 있겠지만

  식초 한 사발보다 설탕 한 자밤

이라는 시인[3]의 말이 진리임을 깨닫는다.
 삶을 사랑한다는 것은 사실상 우리의 모든 열정의 총합이자 우리의 모든 즐거움의 총합이다. 이 둘은 결코 다르지 않다. 열정의 격렬함은 성공의 기대감에 못잖게 실망에 자극을 받는다. 우리의 습관과 상상을 한꺼번에 파괴하는 극도의 신체적 혹은 정신적 고통 말고는 보편적 존재의 끈질김에 필적할 만한 것은 아무것도 없을 것이다. 요컨대, 삶에 즐거움이 더 많이 따르느냐 고통이 더 많이 따르느냐 하는 문제는 하찮고

---

3 Edmund Spenser(1552-1599), 영국의 시인.

실용적이지도 않은 것으로 무시해도 좋다. 삶을 애착하는 마음은 우리가 삶을 얼마나 흥미로워하는가에 달려 있기 때문이다. 사람은 황량한 허무보다는 수많은 희망과 두려움으로 동요되고, 가지각색의 기쁨과 슬픔으로 다채로우며, 움직임이 있고 번잡한 이 삶이라는 풍경에 더 많은 흥미를 갖는다는 사실을 누구도 부인하지 못할 것이다. 무어라도 된다는 것이 아무것도 아닌 것보다 낫다. 아무것도 아닌 것에 흥미를 가질 순 없는 노릇 아닌가. 열정과 상상, 고집, 힘의 느낌, 자신의 존재에 대한 자각이 우리와 삶을 하나로 묶고, 그렇게 마술 주문처럼 묶은 사슬이 우리를 단단히 붙든다. 밀턴이 타락천사의 입을 빌려 설파하는 논증보다 더 철학적인 것은 없으리라.

그렇게 우리는 죽어야 할 것이다, 그것이 우리의 구원일 것이다.
더이상 존재하지 않기로 하는 선택, 서글픈 구원이지.
하지만 고통으로 가득하여도 이 지적인 존재를 누가 잃고 싶을까?
영원을 방황하는 저 많은 생각, 의식도 움직임도 없는,

타락천사(사탄)와 죄와 죽음, 『실낙원』 II

〈유럽의 독재자가 무너지고 영국은 기뻐한다〉

영국의 개혁주의자들은 나폴레옹이 초기에 옹호한 공화주의의 이상을 배신하고 황제로서 독재자가 되자 결국 대부분 지지를 철회했다.

창조되지 않은 밤의 광대한 자궁 속으로 사라질 생각이지만 그것을 누가 잃고 싶을까?[4]

"왜 스스로 목숨을 끊는 폭군은 별로 없는가?" 이 화두에 대한 답으로 밀턴과 비슷한 이야기를 해 줄 수 있겠다. 우선 폭군들은 자신들이 저지른 악행에 만족하는 법이 없다. 그러니 모든 쾌락의 느낌이 사라진 뒤에도 권력을 놓을 수 없는 것이다. 게다가 그자들은 어처구니없게도 행복을 목적이 아니라 자신들의 권한 안에 있는 수단으로 본다. 그리고 왕좌의 화려함에 혹해서 자기들이 세상에서 최고로 행복해야 함이 당연하다는 신념을 버리지 못한다. 그들은 경험으로도 못 고치는, 누구보다도 악착같은 편견의 소유자들이다. 우리가 살면서 불가피하게 갖는 편견들이 그들에게는 아예 단단히 뿌리내려 있고, 이것은 경험으로도 교정되지 않는다. 왕들은 인생의 머저리들이다. 자신들을 둘러싼 휘황찬란한 눈속임에 잘 넘어가고 엉터리 의견들을 고수하는 얼간이들이다.

---

4 존 밀턴 『실낙원』 II. 145-151.

우리가 살면서 처하게 되는 상황이나 추구하는 게 무엇이든, 결과는 거기서 거기다. 열정의 힘과 열정의 탐닉에서 발견되는 즐거움은 좀처럼 일치하지 않는다. 수전노는 "자신의 금화를 약탈해 곳간을 불린다."[5] 야심 있는 사람은 미끈둥한 절벽을 고생고생해서 기어오르지만 결국 정상에서 아래로 곤두박질친다. 연인은 자신이 받은 굴욕에 비례해서 딱 그만큼 사랑하는 여인의 매력에 분별을 잃는다. 아무것에도 성공하지 못하고

> 끝없이 불행하다는 의식이 너무 날카로워
> 자포자기한 사람들, 두 군대 사이에 선 파수병 모양으로
> 안락함이라고는 없는 그들의 처절한 감옥에서,
> 황량한 어느 작은 섬의 유배자처럼
> 평화로운 삶에서 단절된[6]

---

5 헨리 필딩의 소설 『조지프 앤드루스』 4부 7장. "오랫동안 사람들을 속이는 습관이 든 수전노가 스스로를 속이고 자신의 호주머니에서 금화 1기니를 훔쳐 자신의 비밀 금고에 넣었다는 것은 현실에서 불가능하거나 있을 법하지 않은 이야기가 아니다."
6 윌리엄 워즈워스 『소요(逍遙)』 532-536.

삶을 사랑한다는 것은

사람들조차 아무 이득이 없는 투쟁을 포기하려 들지 않는다. 세파에 시달리며 과열된 그들은 안식을 거부하고 고갈되고 무기력한 희망을 들볶아 무익한 후회로 스스로를 고문한다. 유배되었다가 고국으로 복귀하여 자유를 찾은 사람은 자신의 모든 염원을 이루었기에 용기는 퇴장하고 동시에 삶과 희망을 위한 투쟁도 멈춘다.

인생의 가치를 상대적으로 평가할 요량으로 이 글을 쓴 게 아니다. 다만 삶에 애착하는 마음의 세기가 행복의 그릇된 기준임을 보여 주고자 할 뿐이다.

고상함을 가장하는

태도가 많은 곳에

반드시 두 배로 많은

상스러움이 있다.

패션에 관하여

  패션은 모순과 공감과 반감을 뒤죽박죽 그러모아 놓은 무엇이다. 패션은 일정한 수의 사람들이 공유함으로써 존재하지만 보다 많은 사람들에게 전파될수록 그 본질은 파괴된다. 패션은 외모 경쟁에서 앞서려거나 뒤떨어지지 않으려는 일반 대중과 소수 엘리트 집단 사이에서 벌어지는 끝없는 몸부림이다. 소수 엘리트가 시선을 끌고 선망과 질투를 자극하는 멋진 상징을 채택하여 그것을 세상에 노출하면 일반 대중은 곧바로 그것을 기막히게 모방한다. 무비판적으로 모방하는 일반 대중, 이들은 외모와 꾸밈이 자신들보다 나은 사람들에게 뒤떨어지고 싶지 않다. 그리고 곧 그 상징은 예고도 없이 악평과 경멸의 대상으로 전락한다. 이렇게 패션은 혁신과 허영의 쳇바퀴 속에서 끊임없이 돌아간다. 외투건 모자건 구닥다리는 최악의 범죄다. 모든 사람들 가운데 자기만 달라 보이면 무척 쑥스럽다. 하지만 어중이떠중이로 오인되는 건 더 위험하다.

    패션은 특이성과 보편화를 가장 싫어하지만 언제나 특이성으로 시작해서 보편화로 끝난다. 취향과 맵시와 세련미의 어떤 기준을 세웠다가 부인하는 일을 쉼없이 되풀이한다. 이러한 기준에 별다른 근거나 권위는 없고, 바로 지금 눈에 많이 띈다는 사실만 있다. 패션은 어제는 새로워서 우스꽝스러웠고 내일은 흔히 볼 수 있게 되어서 지겨워진다. 이 기준이란 것이 그렇게 지극히 사소하고 하찮다. 어릿광대가 복장을 바꾸듯이 부단히 변화해야 하기에 패션은 영속적일 수가 없다. 변덕의 속삭임에 좌우되기에 신뢰할 수도 없다. 입을 벌리고 바라보는 군중에게 즉각적인 영향을 주려면 표면적일 수밖에 없다. 남들과 다른 옷차림으로 꾸미고 싶은 수많은 사람들을 위해 패션은 가벼워야 한다.

패션은 그 자체로는 대단한 게 아니다. 자신의 가장 큰 자랑거리와 장식으로서 패션에 의존하는 사람들의 어리석음과 허영일 뿐, 패션은 아무런 상징도 아니다. 패션은 생각이 좁고 빈약한 사람, 스스로 탁월한 생각을 아예 못하는 속 빈 사람, 자만심 때문에 나와 같은 부류와 내 의견만이 뛰어나다고 여기는 사람의 마음을 가장 단단하게 사로잡는다.

그 자체로 참되거나 아름다운 것은 혼자 따로 떨어져 있어도 그 가치가 줄어들지 않는다. 무엇이든 좋은 것은 더 널리 퍼질수록 좋다. 그러나 패션은 허영과 배타적 자기본위가 만들어 내는 이로운 게 없는 산물이다. 도도하고 사소하고 가식적이고 추종적이고 독단적이고 저열하고 야심적이고 세심하고 환상적인 모든 것이 패션에 한데 뭉쳐 있고, 그것은 아무런 규칙에도 얽매이지 않기 때문에 바로 지금의 변덕에 따라야 한다. 패션은 한 시간만 지나도 착용자를 조롱한다.

이렇게 경박과 변덕과 허영과 낭비와 무익과 이기심의 본질이 패션으로 승화된 것이다. 패션은 대중의 소비로 오염되지 않는 것만을 살피고, 항상 일심전력으로 뒤쫓는 만인의 사냥을 피하기 위해 산토끼처럼 이리저리 급격히 방향을 틀며 하찮디 하찮은 변화에 온 힘을 쏟는다. 패션은 손에 넣기 힘든 신속함과 변화무상에 공을 들여 허세를 유지한다. 그것은 상류 사회에 들어갈 수 있는 의례적 상징 혹은 암묵의 열쇠 같은 것이다. 부유층 마크가 없는 사람들이 그것을 위조하지 못하도록 (지폐의 워터마크처럼) 계속해서 변화가 있어야 한다. 왜냐하면 사람의 진가나 비범한 성취를 그 세련되고 변덕스럽고 특권적인 패션에 대한 수혜자의 기준으로 정하면 건방진 사람들과 둔감한 사람들과 무지한 사람들, 그리고 얄팍한 사람들과 벼락부자들과 젠체하는 가짜들이 너무 많이 배제될 테고, 그러면 그 기준을 통과한 소수의 사람들끼리 서로 낯을 세워 줄 수 없을 것이기 때문이다. 예를 들어 패션이 미덕으로 구별되는 것이라면 본을 보이거나 그것을 따르기가 어려울 것이다. 그러면 허세를 부리는 사람도 적은 수(그 집단에서 가장 부유한 계층을 말하는 건 아니다)로 제한되긴 하겠지만. 그러면 분위기가 정말 특이해지지 않을까.

또는 예술이나 과학 분야에서의 우수성이 패션의 기준이 된다면 이 경우에도 대중의 모방이 효과적으로 차단되는 동시에 상류의 오만함도 차단될 것이다. 어쩌면 기성 패션계 내부에 미덕과 더불어 가치를 중시하는 잘 알려지지 않은 집단이 있을지도 모른다. 막강한 제국 안의 소도시랄까.

정직의 본은 서서히 퍼지기 마련이고 학식은 소수이지만 너무 적지 않은 사람들이 가지고 있어야 자랑할 만할 것이다. 하지만 온 세상이 추종하고 선망하는 패션에 따르는 소동과 객기 같은 과시적 요소가 없다면, 고관대작이나 부자나 미인에게 정직과 학식처럼 멋없고 별난 성취가 무슨 소용이 있겠는가? 실용성과 내구성은 패션과 돈의 흐름에 전혀 도움이 되지 않는다. 패션은 속된 것, 허세적인 것, 겉보기에 좋은 것, 본질적으로 가치가 없는 것이어야 한다. 패션은 게을러도 꾸밀 수 있는 것, 변덕이 죽 끓듯 할 때마다 탈부착할 수 있는 것 말고는 그 존재에 대한 이유를 찾을 수 없다.

핀과 포마드를 써서 (동그랗게 빙빙 돌려 가며) 여러 단으로 높이 쌓아 올린 머리쓰개의 모양, 납유리로 만든 버클의 크기, 자수 조끼에 달린 금실 레이스의 양, 코담배를 흡입하거나 손수건을 꺼내는 스타일, 특정 단어들을 일부러 불완전하게 발음하기, 'Madam'(마담)을 'Me'm'(맘)으로 발음하기, 포핑턴 경[1]이 'Tom'(톰)을 'Tam'(탐)으로 'upon honour'(어폰 어너)를 'paun honour'(폰 어너)로 발음하는 등 그날그날 미리 준비해서 쓰는 표현과 싱거운 감상을 나타내는 말들이 과거에는 세련된 신사 숙녀 집단과 이들보다 못한 집단을 가르는 척도였다.

하지만 고상함을 가장한 그런 표식들과 표현들이 한물가더니 곧 그 자리에 똑같이 독단적이고 눈에 띄는 표식과 표현들이 들어앉았다. 이렇게 어떤 요소를 잘라 내고 바꾸고 하는 과정은 어리석은 행위가 다른 어리석은 행위를 밀어내는 식이다. 하찮은 무언가가 특유의 경박함으로 다른 하찮은 무언가를 제치고 예기치 않게 일시적 우위를 점하는 것이다. 두드러지게 기형적인 모습이나 행동치고 '정신적이고 내밀한 은총의 표시'라고 하지 않는 게 없다. 우연한 결함은 심각한 결점을 감추는 데 이용된다. 색조 화장과 애교점과 파우더는 한때 건강과 깔끔함과 아름다움과 동일

---

[1] 영국의 희곡 작가이자 건축가 존 밴브러(John Vanbrugh, 1664-1726)의 풍속 희극『퇴보』에 나오는 등장인물.

시되었다. 남자의 외설과 무종교, 사소한 욕설, 상습적 음주, 도박, 사내답지 못한 나약함, 여자의 여전사 같은 태도 등, 무엇이든 어느 시기에 걸쳐 지속되는 동안 그것은 패션이 된다.

찰스 2세 시대에는 기예를 갖춘 기사라면 별의별 방종과 방탕을 드러내고 실행할 줄 알아야 했다. 그 시대 이후로 궁정은 개혁되었고 다소 세련되지 못한 분위기가 지배했다. 예전에는 미인들이 옷을 너무 많이 입었는데 근래에는 벌거벗다시피한 옷차림이 대세다. 치장을 하지 않는 게 더 신경 쓴 치장이라는 식이다. 근거가 있는 '퍼지 가족 이야기'[2]를 믿어 보자면, 여자들이 코르셋을 벗으니까 남자들이 코르셋을 입기 시작했다. 요즈음 자식을 잃고 슬픔에 잠긴 여자들이 챙이 달린 보닛을 쓰는데, 그걸 보면 취향과 복장에 관한 한 현대 프랑스의 여성 모자 제작자들과 패션을 거래하는 상인들이 비탄에 잠긴 니오베 두상을 만든 그리스의 조각가들보다 한 수 위임을 알 수 있다.

최근 들어 의복 양식이 눈에 띄게 확 변했고 패션은

---

2 토머스 모어의 운문 풍자 여행기 『파리에 간 퍼지 가족』(1818).

취향과 우아함의 측면에서 진보한 즉 보편화되기 시작했다. 패션에 많은 돈이 들 때 그것은 부유층의 전유물이었다. 이조차 오랫동안 존경의 유일한 요소였던 높은 지위와 신분의 특권 때문이었다. 셰익스피어는 "도시 여자가 처지에 걸맞지 않게 비싼 옷을 입는다"[3]는 불평을 꺼내 놓는다. 하지만 유행의 최첨단을 걷는 것이 비싼 의류 몇 점을 사는 구매력이나 그것을 입을 권리 여하에 좌우되지 않게 되면서 문제는 간단해졌다. 누구든 원한다면 일류 멋쟁이처럼 보일 수 있게 된 것이다. 패션은 한편으로는 겉치레에 불과한 문제가 되었고, 다른 한편으로는 점차 특권층의 배타적 전유물에서 벗어나기 시작했다. 하나의 성대한 축제판 같은 이 시대에 그런 변화는 전혀 놀랄 일이 아니다. 옷으로 고귀함을 자처하는 도저히 말도 안 되는 허세는 암묵적 동의 하에 줄어들었고, 수수함과 우아함은 모든 계층이 돈으로 사고 싶어 한다. 이런 점에서 "이 세대는 어찌나 모두 모양을 내는지 농부들 수준이 궁정 관리들의 신경을 긁을 정도다."[4]

---

3 셰익스피어『뜻대로 하세요』II. vii. 75-76.
4 셰익스피어『햄릿』V. i. 117-118.

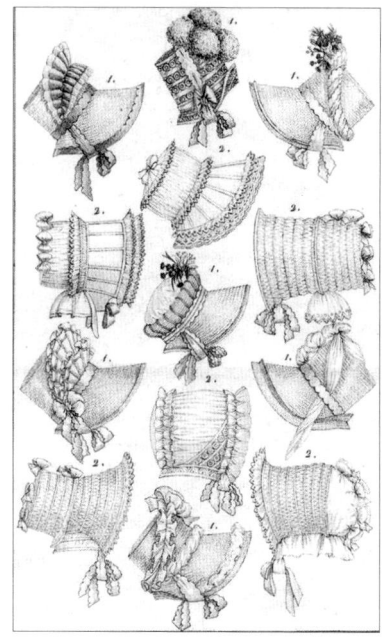

니오베 흉상과 챙 달린 보닛

18세기 후반 영국의 패션

귀족이라도 거리에 나가면 법률 사무소 직원과 구별되지 않는다. 깃털 장식은 이제 최고 영예의 상징으로 오인되지 않는다. 천부적 평등이라는 사상과 맨체스터 증기 기관차는 두 줄로 나란히 선 대포들처럼 패션 의류의 높은 탑과 인공 구조물을 쓸어 버렸다. 그리고 비싼 실크와 새틴에 비교되는 거친 교직물을 입던 여주인과 하녀는 이제 똑같이 흰 모슬린 드레스를 입는다. (마찬가지로) 이제는 궁정 관리라고 해서 옆구리에 칼도 차지 않고, 우선 통행권을 내세우며 시민에게 길을 양보하지 않는 우매한 일은 저지르지 않는다. 개인의 가치와 개성에 관해 널리 퍼진 매우 엄밀한 통념으로 판단건대, 지팡이야말로 신체의 연장으로서 현대의 멋쟁이에게 허용될 수 있는 가장 훌륭한 장신구일 것이다.

패션이 얼마나 하잘 것 없는가는 무지몽매가 하늘을 찌르는 범속한 사람들조차 일단 체면과 상황의 속박이 제거되기만 하면 얼마나 쉽게 패션으로 겉멋을 부리는지를 보면 알 수 있다. 런던 거리에서 누구보다 멋을 많이 부리는 사람은 내가 아는 어떤 도급인이다.

또 올더먼버리 거리에 있는 어느 잡화점 주인은 본드 스트리트[5]와 세인트 제임스 스트리트[6]에 어슬렁거리는 여느 게으름뱅이 못잖게 군인처럼 뽐을 내며 돌아다닌다. 그러니 언제라도 같은 수의 바보들 가운데서 외모로 관심을 받고 싶어하는 다수의 남자들만으로 대군을 일으켜도 좋지 않을까. 그들은 스스로 외모가 멋있다고 도취될 정도로 허영에 사로잡히면서도 사리분별력이 없어 창피한 줄 모른다.

우리는 페레그린 피클[7]이 방랑하는 집시 여자를 낚아서 때 빼고 광내게 한 다음 상류 사회에 소개시키는 이야기를 기억한다. 그녀는 갈채를 받지만 어떤 고상한 숙녀가 카드놀이에서 속임수 쓰는 것을 보고는 본성이 꾸민 태도를 압도하여 분노와 욕설을 퍼붓는다. 옷은 자기 주장의 최고 비결이다. 누구든 옷과 자신감만 있으면 유행을 성취하는 길에 들어설 수 있다. 옷을 잘 차려 입고 극장 특별석에 있는 여자들은 두 부류로 나뉘는데, 모두가 똑같이 최신 패션으로 치장하

---

5 18세기부터 명성 있는 고급 패션 상점들이 들어섰다.
6 런던 웨스트민스터 시의 중심가로 17세기 왕정복고 시대에 영국 귀족들의 주택가로 개발되었고 19세기에는 사교 클럽이 형성되었다.
7 스코틀랜드 작가 토바이어스 스몰렛의 『페레그린 피클 모험기』(1751)의 주인공.

고 얼굴에는 볼연지를 바르고 목과 팔은 맨살로 드러내고 있다. 그리고 모두가 똑같이 꾸민 듯하고 도도하고 과장된 느낌을 준다. 쑥스러움이 전혀 없는 데서 나오는 우아함, 그리고 내숭떠는 사람을 경멸하는 데서 나오는 모든 매력을 갖추고 머리를 휙 쳐드는 모양이나 어깨를 구부린 자세까지 모두 똑같다. 사교계 대화의 똑같은 가식과 은어, 똑같이 따라하는 말씨와 표현, 똑같이 "어색하게 꾸민 발음, 젠체하는 걸음걸이, 화장, 신의 피조물을 별명으로 부른다."[8] 진정한 교양과 진정한 고상함을 제외하면 모든 게 다 똑같다. 외양의 모든 면에서 거울에 비치는 그들의 모습은 똑같다. 상류층 여자와 고급 화류계 여자, 이 두 부류의 유일한 차이는 전자는 겉모습만 후자처럼 보인다는 점이다. 하지만 자만과 화려함과 과시적 패션의 측면에서 전자에 뒤지지 않을 뿐 아니라 그들을 무색하게 만들기도 하는 그 방탕의 제물은 일반적으로 배우지 못하고 세상 물정 모르는 원초적인 시골 소녀들이나 언행이 어줍고 거친 손을 가진 하녀들보다 나을 게 별

---

8 셰익스피어 『햄릿』 III. i. 151.

로 없다. 사실 시골 소녀나 하녀라도 화려하고 우아하게 차려 입은 신분이 고귀한 사람들과 같은 수준이 되기 위해 별도의 수습 기간이나 자격이 필요없다. 이들은 그런 사람들의 보편적인 특권과 존경을 요구할 자격을 갖지 못했을 뿐이다. 사실 진정한 미덕이나 아름다움 또는 이해심은 '신분이 높건 낮건' 똑같다. 이 세 요소들과 관련하여, 외모에서 보잘것도 없는 성취를 이루었다는 상류 계층의 거짓 우월성에서 나오는 태도와 매력은 하층 계급이라도 엄두를 내기만 하면 쉽게 성공적으로 모방할 수 있다.

고상함과 상스러움은 너무너무 가깝다. 그 간격은 백지 한 장 차이라고 할 수 있다. 고상함을 가장하는 태도가 많은 곳에 반드시 두 배로 많은 상스러움이 있다고 확신해도 좋다. 자신에게 진정한 우월성이나 고상함이 있음을 아는 사람은 짐짓 그런 모습을 가장한 사람들을 봐도 거부감이 들지 않는다. 프랜시스 버니의 소설들은 그런 미묘한 차이를 주제로 다룬다. 버니의 소설들을 혹평한다면 그 주제가 유일한 단점일 것이다. 하층민이 상류층을 모방하는 것과 상류층이 상스러움을 피하려는 것. 버니가 어느 쪽을 더 나쁘게 그리는지 알기는 어렵다. 스미스와 브랭튼 부부는 상류층 지인들의 언행을 끝없이 따라하려 하고, 지인들은 스미스 씨와 브랭튼 부부처럼 말하거나 행동하지 않으려고 부단히 애를 쓴다. 서로 엇갈린 생각을 하는 이들의 모습은 상당히 교훈적이다.

에드먼드 버크에 따르면 "원래 제왕들은 하층민에게 둘러싸여 있기를 좋아한다." 하층민은 제왕의 지위에 이의를 제기할 수 없기 때문이다. 선천적인 동시에 인위적인 불평등의 극단에서 제왕은 허식에 찬 내면이 우월한 겉모습과 일치한다는 믿음을 확인할 수 있는 건 뭐든지 찾고자 한다. 제왕은 가장 나쁘고 가장 약한 자들과만 어울림으로써 자신이 가장 괜찮고 현명하다고 확신한다.

성공은

자격보다 획득에

신경을 써야 하는

문제다.

성공의 조건에 관하여

인간이 가진 재능의 다양성과 (날마다 하는 일의 가짓수보다 적지도 않고 모순적이지도 않은) 성공과 실패를 고찰해 보는 것은 흥미롭다.

운명의 여신이 반드시 우수성에 미소를 짓는 것은 아니다. "빨리 달린다고 반드시 경주에서 일등하는 것은 아니며 강하다고 반드시 싸움에서 승리하는 것도 아니다."[1] 부자가 되겠다거나 명예를 얻고자 하는 사람이 성공할 경우, 그 성공은 자질에서 나오기도 하지만 그런 자질이 없는 데서 나오는 경우도 그만큼 많

---

1 『성경』「전도서」 9장 11절.

다. 운 좋게 명성을 얻더라도 그것은 주위 사람들은 물론이고 자신도 전혀 생각지 못했던 어떤 선천적 능력이나 후천적 능력 덕분일지 모른다.

인간의 마음에는 힘의 균형추가 있어서, 결함은 우리의 의도를 증진시키는 데 일조하고 지나치게 뛰어난 재능은 장애 비슷한 것으로 전환된다. 말하자면 한 재능의 자리에 다른 재능을 놓는 것이라고 할 수 있는데, 외양을 실체의 자리에 놓고 실체로 착각하며, 결과만 보고 수단을 (추론으로) 판단한다. 그래서 국무성 장관이 '훌륭한 태도'만으로도 의원들을 쥐락펴락 할 수 있는 것이다. 그의 영향력이 어디서 나오는지 그의 적들은 물론 친구들도 갈피를 못 잡고 연설문과 전달 방식에서 답을 찾으려 하니 헛발짓만 한다. 어떤 유명한 변호사의 경우 흰 삼베 손수건을 흔드는 모양이 웅변으로 통하는가 하면, 어릿광대가 재치 있는 사람으로 통하기도 한다. 지혜로운 사람으로 통하려면 대개는 지혜롭게 보이기만 하면 된다. 대중적 인기는 곧잘 시끄러운 선동가를 웅변에 능한 애국자로 둔갑시킨다. 카멜레온의 몸이 주변색을 띠듯이 사람의 자질도 주변 사람들의 색채를 띤다.

성공의 조건에 관하여

　성공은 자격보다는 획득에 신경을 써야 하는 문제다. 자신의 자질 향상 기준을 너무 높이 잡거나 대중의 안목을 너무 높이 보는 것은 성공에 걸림돌이 된다. 무엇이든 완벽해야 한다고 마음을 정해 놓은 사람은 자신은 물론 남을 기쁘게 하는 일을 하지 못한다. 문제는 우리가 무엇을 해야 하느냐가 아니라 좋은 결과를 보기 위해 무엇을 할 수 있느냐이다. 지나친 겸손은 사실상 지나친 교만이다. 지나친 겸손은 극도로 무례하고 뻔뻔스러운 자만심보다 개인에게 더 해롭고 사회적으로도 그보다 이로울 게 없다.

　　천사들은 타락하더라도 신이 되기를 열망하고,
　　신이 되기를 열망하는 인간은 신에게 반항한다.[2]

　우리 시대 어느 저명한 화가가 근래 널리 칭송 받는 어떤 그림을 그릴 때 주요 인물을 완벽하게 묘사하기 전에는 발표하지 않겠다며 그것만 붙들고 있었더라면 그 그림은 세상에 나오지 못했을 것이다. 화가는 자기

2　알렉산더 포프 『인간론』 iv.

능력으로 거뜬히 그릴 수 있고 사람들이 거뜬히 이해할 수 있는 그림들만 계속 그려 나갔다. 사람들은 그의 많은 그림들을 보지만 그가 미처 표현하지 못한 착상(이것은 그가 전 인생을 바쳐도 헛수고로 끝날 착상일지도 모른다)은 안 보이므로 그것까지 평가하거나 인정해 줄 수는 없을 것이다. 화가가 그려낸 그림은 이 시대와 대중에게 그 자체로 충분하다. 몇 배 더 훌륭하게 그려졌더라도 그 가치는 허비되었을 것이다. 인물과 감정을 몇 배는 더 정밀하고 고상하게 묘사하는 한편, 대중이 원하는 모든 요소를 갖추고 그들의 감각과 편견에 즉물적으로 호소하지 못했다면 그 그림은 충분하지 않았을 것이다. 소신으로 완벽을 추구한 작품이 몇몇 극소수의 칭찬을 받을지는 몰라도 화가는 빈곤과 무관심 속에서 한탄만 하게 된다. 워즈워스는 시의 구성이나 시어의 장치, 극적인 화려함이나 상투적인 장식을 쓰지 않고도 시의 진수를 보여 주었다. 그렇게 해서 어떤 시가 탄생했는지 우리는 잘 알고 있다.

우수함만 가지고 명성으로 가는 길은 가장 좁고 가파르며 길고 힘이 든다(그런들 그 명성이 확고하고 오래간다는 보장도 없다). 결국 가장 견실해 보이는 명성은 기만의 일종일 뿐이다. 일반적인 사례를 보면 성공과 실패는 아주 미묘한 성격의 차이나 우연, 달걀 한 개의 가치도 없는 하찮은 것에 의해 결정되곤 한다.

> 평화를 좋아하는 사람과 불화를 좋아하는 사람,
> 도둑과 판사, 어릿광대와 악당,
> 소리치는 관리와 노예,
> 교활한 법률가와 소매치기,
> 대철학자와 얼간이,
> 엄격한 목사와 도박꾼,
> 의사와 살인자,
> 이들의 차이는 백지 한 장일 뿐이다.[3]

예술과 과학 분야에서도 예민하지 않고 꾸준한 사람이 쾌활하고 불같은 성격의 소유자보다 대체로 더 좋은 성과를 낸다. 자신의 결함이나 자신의 능력을 넘어서는 것에 대한 자각이 없으면 기계적인 진보에 만

---

3 새뮤얼 버틀러 『휴디브라스(Hudibras)』 II, iii, 956.

족하고, 자신의 능력 범위 안에서 인내를 가지고 노력하기 때문이다. 자신의 평범함에 만족하는 사람은 평범함 너머로 나아갈 수 있다. 그런 반면, 뛰어난 취향이나 재능의 소유자는 고차원의 무언가를 성취하겠다는 생각에 사로잡힌 끝에 절망하여 펜을 집어던지고 결국 모든 것을 할 수 없으니 아무것도 이루지 못할지 모른다.

역사적으로 가장 위대한 일을 이룬 사람들이라고 해서 반드시 그 사람 자체가 위대한 것은 아니었다. 무엇이든 주어진 일을 할 때 그 일을 하는 사람은 기본적으로 능력이 너무 뛰어나지 않은 편이 좋다. 그 넘쳐흐르는 능력은 쓰이지도 못한 채 일에 도움도 안 되고 오히려 방해가 될 수 있어서다. 어떤 한 가지 일을 가장 잘하려면 그 한 가지 목표에 맹목적으로 매달려 집중할 수 있어야 한다.

부분은 전체보다 크다. 이 옛말은 도덕적인 문제나 지적인 문제에도 들어맞는 듯하다. 사람의 생각과 관련이 있는 거의 모든 문제에도 마찬가지다. 전체를 못 보고 부분만 보니 말이다.

예를 들자면 나는 밀턴이 가진 정신 능력의 폭이
『실낙원』보다 크지 않다고 생각한다. 그것은 그 웅장
한 세상, 하나님이 등장하던 그 성스러운 세상을 겨우
채울 수 있는 정도였다. 셰익스피어의 천재성은 그 자
신의 어떤 작품보다도 크다. 그의 천재성은 한 작품을
넘어 제한 없이 다음 작품으로 자유로이 날아오르지
않는가. 그는 자신의 창작물에 지배되지 않고 언제나
그것을 넘어선다. 한편 골드스미스[4]는 버크를 가리켜
재능을 너무 소진한 탓에 눈부시되 불안정한 경력이
앞으로 나아가지 못했다며 「보복」이라는 시에서 이렇
게 말한다.

 부당한 것을 위해 모든 것을 감당할 수 있지만
 정치가로는 너무 사람이 좋고, 재사로는 자존심이 강했다.

한편 보스웰이 쓴 전기에서 존슨 박사는 자신을 향
상시키려고 찾은 대화 상대로 조지 살마나자르가 유
일했다고 한다. 그런데 이 이상한 인물이 이십 권 가

---

4 Oliver Goldsmith(1728-1774), 영국계 아일랜드 작가.

량의 만국사를 썼다는 것 말고는 알려진 바가 별로 없다. 타이완 언어의 자모와 어휘를 창안했다고도 하는데, 정말로 박식한 인물이 일부러 사기꾼 행세를 한 건지는 모르겠지만 아무튼 그가 어디서 어떻게 죽었는지 아무도 모른다.

그런가 하면 『정치적 정의에 관한 고찰』을 쓴 윌리엄 고드윈은 대화를 나누는 사람들 틈에 끼어 있어도 입을 꾹 다물고 아무런 말도 하지 않는다. 그는 축적한 모든 지식이나 천재성을 책을 쓰기 위해 아껴 둔다. 지식을 쌓고 천재성이 있어야 원고에 틈이 생기지 않을 것이다. 그는 말수가 적은데, 말을 해봐야 어차피 따분하고 시시하니 계속 말수가 적은 편이 낫지 않을까 한다. 그가 하는 말은 효모를 넣지 않아 납작해진 팬케이크 같다. 생기가 없고 설상가상으로 그걸 만들 만큼의 충분한 밀가루 반죽도 없다. 하지만 글을 쓰기 전에는 시계 태엽을 감듯이 바짝 긴장한다. 그럴 때는 꼭 죽음에서 깨어난 사람 같다.

반면에 『펄리에서의 유희』의 저자 존 혼 투크[5]는 문

---

5 John Horne Tooke(1736-1812), 영국의 목사, 정치가, 문헌학자. 급진적 의회 개혁을 주창하다 반역죄로 재판을 받았다.

법 이론의 창안자인데다 정치인이며 담화에 능해 끝없는 수다를 늘어놓곤 했다. 그의 몸속에는 할 말이 무진장하고 "두뇌는 혀에 장식으로 달려 있는"⁶가 보다. 그러나 그는 다변을 방편으로 삼아 어떤 동사(動詞)의 정의에 관하여 후세를 속였을 뿐이다. 즉 그는 자신의 집에 초대한 손님들 앞에서 대화를 이끌기 위한 하나의 전략으로 어떤 동사에 관한 이론을 세워 사람들을 감질나게 하고는 다음에 만나면 답을 말해 주겠다고 했다. 그러다 그는 결국 그 답을 입에 물고 숨을 거두었다!

어쩌면 현존하는 인물 가운데 가장 큰 능력의 소유자⁷는 거의 아무것도 하지 않았을 뿐 아니라 자신에게 어울리는 어떤 일도 할 수 없는 사람인지도 모른다. 그러니까 글을 쓸 손가락이 백 개쯤 있고, 마음속에 떠오르는 모든 것을 내뱉을 수 있는 입도 백 개쯤 있고, 끝없이 펼쳐지는 백일몽을 기록할 시간이 몇 세기쯤 있지 않는 한 말이다. 구름이 구름을 덮치고, 생각이 꼬리에 꼬리를 물며, 한 생각이 다른 생각을 밀어

---

6 올리버 골드스미스의 「보복」
7 새뮤얼 테일러 콜리지(Samuel Taylor Coleridge, 1772-1834).

낸다. 머릿속에서는 이론들이 줄줄이 흘러나온다. 그 이론들은 요새이자 덫으로서 집이 되기도 하고 해를 가하기도 하는, 촘촘하고 둥그스름한 거미집 같다기보다는 아무것에나 들러붙어 길게 늘어지고 뒤엉킨 채 바람에 나풀거리며 공상의 한 가닥 빛에 반짝일 뿐인 잔 거미줄 같다.

그런 사람이 환영하지 않는 주제는 없다. 모든 문제에 똑같이 매력을 느끼면서 모든 문제에 똑같이 무관심하다. 어느 한 주제에 얽매이지 않고 이 주제 저 주제로 물처럼 흐르고, 어디로 흐르나 주변과 대등한 위치를 찾는 지력은 한계를 모른다. 상상력에 한계가 있는 것 말고는 그의 지력은 때로는 하늘의 별 너머로 날아오르고 때로는 요정처럼 꽃밭을 걸어다니는가 하면, 어떤 때는 언어를 날개 삼아 날아다닌다. 스코틀랜드의 스콜라 철학자 둔스 스코투스를 거쳐 독일의 신비주의자 야코프 뵈메에게 가고, 칸트 철학에서 출발해서 누군지 잘 모르는 누군가에게로 이동하는가 하면, 요한 계시록에서 언어유희로 빠진다. 시면 시, 그림이면 그림, 지혜, 역사, 정치, 형이상학, 비평, 은밀한 추문 등 모든 분야를 수용한다. 하지만 아름다운

성공의 조건에 관하여

음악처럼 펼쳐지는 모든 생각은 바보들의 귓가나 어리바리한 친구들이 전하는 이야기로 명맥을 유지할 뿐이다. 그가 책을 쓰면 소문과는 다르다.

> 그의 머릿속에 든 수천 개의 위대한 생각은
> 구름처럼 사라져 아무런 흔적도 남지 않았다.[8]

한편 조지 도[9]는 어떤가. 그는 인생에 환상을 품지 않았다. 그랬기 때문에 자신을 품위 있게 가꾸는 일에 많은 공을 들이지도 않고 뮤즈의 위험한 유혹도 멀리 했다. 그런 방해 요소들을 제거함으로써 조지 도는 무딘 재주를 최대치로 끌어올려 친구들과 주위 사람들의 충고와 의견에 거스르는 시도를 하여 많은 일에 성공을 거둘 수 있었다. 그는 맞춤법을 몰라 사람들에게 하나하나 물어 가며 책을 썼다. 드레이퍼리를 얼마나 생생하게 묘사하던지 그것만으로도 완성된 작품으로 인정받았다. 또 수수께끼 인물 한두 사람을 배경에 그려 넣고, 적절히 고심한 끝에 그것을 역사화라고 부른

---
8 스코틀랜드의 시인 제임스 톰슨(James Thomson)의 『나태의 성』
9 George Dawe(1781-1829), 영국의 초상화가.

다. 스무 번쯤 반대표에 부딪친 끝에 왕립 예술원의 준회원 자격을 얻은 그는 온갖 좌절과 치욕을 헤치고 왕립 예술원 최고의 명예를 거머쥐었다. 나중에는 러시아에서 백작 작위를 받을지도 모를 일 아닌가!

하지만 조지 도는 원래 있던 자리에 그대로 있다 (분별력의 문제에서 분배 정의의 원칙이 그러하다). 우리는 일이 아니라 신분을 기준으로 사람을 판단한다. 에라스무스가 말했듯이 "모든 사람이 학자가 되기에 적합한 것은 아니다." 조지 도를 기억하는 사람은 그가 일단 어떤 생각을 품으면 그가 무엇을 하든 그 생각을 바꿀 수 없음을 안다. 조지 도가 라파엘이나 미켈란젤로처럼 그림을 그려도, 아는 사람은 그에게 그런 자질이 있다고 인정하지 않을 것이다. "사람이 모든 지식을 알고 천사의 말을 할지라도"[10] 천재적 재능이 없으면 아무것도 아닐 것이다. 있는 그대로의 위치라는 원죄는 조지 도의 훌륭한 작품과 가장 칭찬할 만한 활동을 무효로 만든다. "가시나무에서 포도를, 또는 엉겅퀴에서 무화과를 따겠느냐"[11]라지 않는가.

---

10 『성경』 고린도전서.
11 『성경』 마태복음 7:16.

자연은 늘 예술을 이긴다. 조지 도의 작품을 보는 것은 어떤 신기한 기계를 보는 것과 같다. 기계의 작동에 어리둥절하다가 놀라움이 사라진 뒤 차츰 예상치 못한 다른 기능을 보게 된다. 그러나 무슨 기능이 있든 기계는 기계일 뿐이다. 기계에는 영혼이 없다!

결국 웅대하고 출세 지향적인 충동보다 더 좋은 결과를 얻게 해 주는 것은 어느 정도의 미련함과 침착성이다(비글의 집요한 추적이 껑충껑충 달리는 수사슴을 따라잡듯이). 마찬가지로 "시발점에서 우위를 차지하고 승리의 월계관을 쓰게 해 주는"[12] 것은 어느 정도의 야성적 기개와 허세 섞인 재주다. 우리는 쾌활하고 건방진 것을 재치로, 유창한 말솜씨를 논법으로, 소리를 의미로, 큰 목소리 또는 듣기 좋은 목소리를 웅변으로 곧잘 오인한다. 또한 건방진 태도를 용기와 동등하게 취급한다. 이처럼 가치 있는 체하는 것이 실제로 가치 있는 것과 동일시되는 경우가 너무나 많다.

---

12 셰익스피어 『율리우스 카이사르』 I. iii.

윌리엄 피트[13]가 의회 밖을 나가면 정치 이야기는 일절 꺼내지 않았다는 것이 이따금 놀라운 일로 거론된다. 또 찰스 폭스[14]는 평범한 화제를 이야기할 때 일반인과 다르지 않았다거나, 월터 스콧은 자신의 소설에 대한 칭찬을 듣기보다는 스코틀랜드의 옛 민요나 고대의 기록물 읽기를 더 좋아했다는 것도 역시 놀라운 일로 여겨진다. 이와 반대로, 자신의 특출한 능력을 의식하는 사람이 이 사실을 남들도 알아야 한다고 왜 그렇게 애를 쓰는지 나는 도무지 모르겠다. 또 그 특출난 능력을 쓰는 것이 호흡처럼 익숙한 사람이 그렇게 간단하면서도 자명한 사실을 왜 남들에게 확신시킬 가치가 있다고 생각하는지 모르겠다.

유명세의 흐름을 타거나 천재로 세간의 인정을 받으려면 체질적 재능(이라고 부를 수 있을지 모르겠는데) 만한 것이 없다. 이것이 없으면 자신의 가치나 실제 능력이 어떻든 성공하지 못한다. 무거운 수은이 공중에 떠다니는 것보다 더 어려울 것이다. 호감을 살

---

13 William Pitt(1759-1806), '그레이트브리튼'의 마지막 수상이자 '영국(UK)'의 1대 수상.
14 Charles James Fox(1749-1806), 영국 휘그당 정치인으로 토리당 정치인 윌리엄 피트의 최대 라이벌이었다.

성공의 조건에 관하여

만한 자질은 없지만 체질적 재능이 있으면 우연히 성공을 하든가 아니면 실패를 해도 상관치 않을 것이다. 여기서 말하는 체질적 재능이란 순전히 신체적 스태미나가 생각과 일에 주는 온기와 활력을 뜻한다. 병약하고 비정상적인 신체에 깃든 건전한 마음보다 건전한 신체에 깃든 약한 마음이 낫거나 적어도 더 유익하다. 이를 증명할 사례는 차고 넘친다.

가령 혈액 순환이 잘되고, 소화력이 왕성하고, 체격과 근력이 좋아서 무의식적인 자신감을 가진, 신성의 그림자인 그 사람은 허장성세를 부리며 건강과 힘을 제외한 모든 면에서 남들보다 우위에 있을 것이다. 그는 농담을 할 때도 말보다 먼저 튼실한 허파에서 나오는 웃음이 수탉의 울음소리처럼 크게 메아리친다. 반면에 폐결핵이 있는지 신경이 과민한 익살꾼은 말을 더듬다가 기발한 착상을 그르친다(목소리가 목에 걸려서일까). 튼실한 허파는 이야기를 시작하면 중단을 모르는 반면 신경과민 익살꾼은 그러려고 해도 폐가 약해서 도중에 말이 끊긴다. 튼실한 허파는 속이 비어 요란하더라도 "건방진 태도와 함께 자신감 넘치는 표정과 다변"¹⁵으로 성공적인 주장을 펴는 반면, 신경이 과민한 익살꾼은 "사람들이 듣기에 너무 심오한"¹⁶ 의견을 피해 얌전하게 슬쩍 입을 다문다. 튼실한 허파는 자신의 주장을 풍채로 뒷받침할 수 있기 때문에 지적인 능력의 필요를 느끼지 않을 것이다. 하지만 신경과민 익살꾼은 뛰어난 머리를 써먹지도 못하고 사람들의 기분을 상하게 해 경멸당하는 상황을 재촉하며 인기를 끌 희망도 없이 굴욕을 자초할 것이다. 그는 사람들이 부정할 수 없는 천재성의 소유자인 까닭에 공개적으로나 사적으로 칭찬을 받을 수밖에 없는 대상이 되지만 자신이 약하고 하찮다는 거북하고 불안한 느낌을 떨쳐 버리지 못한다. 어렸을 때부터 오랜 세월에 걸쳐 붙은 습관 때문일 것이다.

잘생긴 얼굴은 추천장과 같다고 한다. 그러나 얼굴이 아무리 잘생겼어도 활동적인 몸과 튼튼한 어깨에 달려 있지 않다면 성공하는 데 한계가 있다. 얼굴은 재능과 성과의 지표다. 풍채는 인생 노정의 척도다. 가령,

---
15 셰익스피어 『헨리4세』 2부. II. i. 110.
16 올리버 골드스미스의 「보복」

> 저 푸른 하늘에서 빛나는 광채의 소산처럼 밝고 아름다운 영혼[17]

이라고 얼굴에 씌어 있어도 세상의 관심을 받지 못하고, 가느다란 나무막대기 같은 두 다리에 소화력도 약하며, 기대치에 부응하려다가

> 벌렁 나자빠져 숭배자들을 무안하게 만드는[18]

사람들이 있다. 따라서 성공은 미덕의 결과가 아니다. 내면과 외면 사이에 자연 발생적인 모순이 있는 것이다. '잘생긴 사람'이라는 말의 개념은 도시와 나라마다 제각각이다. 게다가 아름다움에 대한 미술가들의 기준은 일반인들과 다르다. 지방의 지주는 그가 키우는 말처럼 건강하고 잘생겼을 것 같다. 이웃의 눈에 비치는 농부는 우량종 황소처럼 살쪄 보여야 한다.

---

17 스코틀랜드의 시인 제임스 톰슨의 『나태의 성』. '나태의 성' 주민은 몸과 영혼이 무기력해지도록 향락을 누리며 살아간다.
18 존 밀턴 『실낙원』 I. 461.

일반적으로 추천장 얼굴은 사고나 영혼의 미묘한 움직임이 나타나는 얼굴이 아니라, 강건한 몸의 일부가 되는 얼굴이다. 그것은 사투르누스나 머큐리가 아닌, 큐피드와 마르스가 들어앉은 얼굴이다. 여기서 체구가 작은 사람들도 역사적으로 행운의 총애를 받아 왔다는 반론을 제기할 수 있을 것이다. 로런스 스턴도 그의 소설에서 화자의 입을 빌려 해먼드 샌디[19]를 "체구는 작지만 숭고한 상상력을 가진 사람"으로 묘사하지 않는가. 그러나 그들은 튼튼한 근육과 강철 같은 체질의 소유자다. 작고한 벤저민 웨스트는 나폴레옹 보나파르트처럼 '잘 만들어진' 사람은 못 봤다고 했다. 몸은 작고 약한데 불같은 성질을 가진 사람이 어쩔 수 없이 세인의 경멸을 받는 시련을 겪고 나면 거창한 행동을 목표로 삼을지 모른다. 분노는 사람을 시인으로 만들기도 하고 영웅으로 만들기도 한다. 그러면 시인과 영웅은 그 분노를 앞세워 자연의 인색함과 세상의 편견에 복수할지 모른다. 윌리엄 워즈워스는 알렉산

---

19 로런스 스턴의 소설 『트리스트럼 샌디』에서 트리스트럼의 종조부(從祖父).

성공의 조건에 관하여

더 포프처럼 재능이 많은 시인들이 몸집이 작고 허약하다는 생각을 밝힌 바 있다. 그러나 가장 위대한 (셰익스피어나 밀턴 같은) 작가들은 덩치가 크고 잘생겼으며 건강했다. 티치아노도 라파엘도 미켈란젤로도 그랬다. 이것은 내가 기억하는 워즈워스 씨의 발언 중 인용할 가치가 있는 몇 안 되는 말이며, 자신의 말에 확고한 신념이 있는 듯 보여서 이 자리에서 인용했다.

속이는 즐거움이 속는 즐거움만큼 크다는 것은 의심할 여지가 없다.

모든 경우에 사기꾼과 잘 속는 사람 사이에는 모종의 타협이 있는 듯하다. 공모의 원리 같은 것이 작동하는 것이다. 상인들의 물건을 사취하는 사기꾼들은 근사한 것을 임대해 다니고 태도도 그럴 듯하니 모든 게 번듯해 보인다. 많은 여자들의 마음을 훔치고 그들을 걷어찬 사실을 알고도 그런 남자에게 자기가 마지막 사랑이 되겠다며 자발적으로 계획을 세우는 여자들이 있다. 파멸이 벌린 입속에서 헛되이 날개를 파닥이는 새처럼, 다 태워 버릴 불꽃으로 돌진하는 어리석은 나방처럼! "겉모습에 속지 말라"는 격언을 들으면서 살아도 아무런 소용이 없다. 인간이란 겉모습의 자발적인 봉이기 때문이다. "인생은 잘 속는 기술의 문제다"라는 말도 있듯이 위선은 인류의 최대 직분인 듯하다.

행운의 게임에는 대부분 계산기가 설치되어 있다. 호주머니에 돈이 떨어졌다는 이유로 게임을 할 수 없다면 참가자들의 절반 이상은 방관할 수밖에 없고 그런 만큼 판을 싹쓸이할 기회를 놓친다. 배려는 촌스럽고, 진심은 사회에 대한 최대의 모욕으로 여겨진다. 단순한 진리를 고집하면 자리나 후원을 얻는 데 결격 사유가 된다. 즉 자격이 없을수록 장려할 가치가 있는 셈이다. 겉모습보다 실체에 의지하는 사람은 결국 만인의 미움과 조롱의 대상이 되어 있을 것이다.

열에 아홉 사람들은 지적인 능력이 아니라 외모로 사람을 판단한다. 그런 쪽으로 더 좋은 판단을 내릴 수 있으니 당연한 일일 것이다. 에드먼드 킨의 연기를 과소평가하는 적잖은 무리가 있다. 그들이 보기에는 (매우 정당한 주장인데) 킨이 왜소하고 외모가 변변치 않아서다. 킨의 오셀로 연기가 뿜어내는 격정의 깊이를 그들은 감식하지 못한다.

지위가 높고 분별력이 있는 어떤 훌륭한 귀족이 훈장을 수여받았을 때 그의 친구가 자존심 상하지 않느냐고 시비를 걸자 그는 이렇게 대답했다.

> 그럴지도 모르지. 하지만 나는 체구가 왜소해서 길을 걷다 보면 사람들에게 떠밀리기도 하고 무례한 취급을 받아. 그런데 이 훈장을 가슴에 달고 다니면 사람들이 극진한 예를 갖춰 길을 비키지.

알렉산더 포프는 어려서부터 몸을 구부린 채 공부한 탓에 체격이 잘 발달하지 않았다. 기형적인 생김새에 건강도 좋지 않았고, 모르는 사람들뿐 아니라 그와 가까운 메리 워틀리 몬터규[20] 부인이 보기에도 그의 풍채는 하찮았다. 사후의 명성도 "죽은 이의 차가운 귀를 기쁘게 하는 치렛말"도, 친구들의 칭찬과 위대한 사람들과의 우정도 그런 외양에 대한 보상이 되지 못

---

20 Lady Mary Wortley Montagu(1689-1762), 포프와 친분을 나눈 영국의 귀족.

했다. 왜소하고 보기 흉한 그의 몸은 일상의 가벼운 오
락을 즐기기에도 불리했다. 설상가상으로 동료 시인
들은 포프의 체격을 가지고 눈에 띄는 무언가를 만들
었다. 그것은 다름 아니라 이름의 머리글자와 마지막
글자를 따서 'A. P. E.'(유인원)라는 불쾌한 명칭이었
다. 포프는 길을 건널 때 무지랭이들의 무례한 시선을
피하려고 자기 집 정원과 길 건너편 동굴을 연결하는
지하 통로를 만들었을지 모른다. 어쩌면 발에 밟혀 꿈
틀거리는 지렁이를 보고 『암흑의 난장이』[21]에 나오는
엘시처럼 자신의 모습을 봤는지도 모른다. 몸은 안 중
요하다고 정신만이 중요하다고 생각하는 사람은 "속세
의 괴로움을 벗기 전에" 그 훌륭한 교훈 소설이나 등장
인물인 난장이의 모델이었던 데이비드 리치에 관한 실
화를 읽어 보라. 은근히 떨릴 것이다.

　무지한 다수에 대한 개화된 소수의 호소에 그 모든
해결책이 있다고 주장할지 모른다. 그러나 실제적이

21　월터 스콧 경의 『암흑의 난장이』. "[재산, 사회적 지위 등] 나는 모든 것을 잃지
않았는가. 나는 세상에서 버림받아 가장 흉측하고 외로운 이곳에서, 주위에 있는
모든 것보다 내가 더 흉측한 이곳에서 살고 있지 않은가? 나는 전차 바퀴에 깔려
꿈틀거리며 괴로워하는데, 왜 다른 지렁이들은 기껏 발에 밟힌 것을 가지고 내게
불평하는가?"

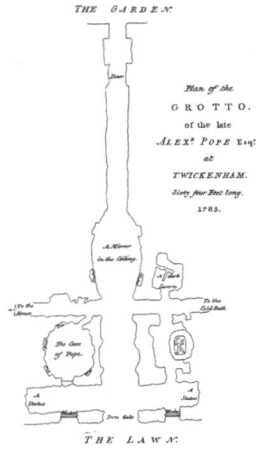

포프의 동굴과 그가 그린 설계도

월터 스콧 경의 『암흑의 난장이』 속 난장이와 오셀로를 연기한 에드먼드 킨

고 확고한 가치를 판단하는 소수는 자기들이 발견한 오묘한 해결책들을 자진해서 말하지 않는다. 경계심 때문이기도 하고 비겁하기 때문이기도 하다. 지력이 뛰어난 사람은 당연히 독립심이 강하고 창의력도 풍부하다. 하지만 투쟁의 장에 들어가 경쟁하기 시작하면 그들은 상금을 선망하게 된다.

존 호프너가 명성과 부의 정점에 이르렀을 때 윌리엄 기퍼드는 자신의 시집에 헌정사를 넣었다. 예전 같으면 기퍼드 자신도 아부가 너무 심하다거나 우정의 냄새가 진동을 한다고 생각했을 짓이다. 미묘한 가치를 발견해 낼 정도로 명민한 사람들도 자신들의 허세가 드러날까봐 호프너처럼 아예 대놓고 그렇게 하지 않는다. 그들은 세속의 우상들을 찬미하고, 폭력으로 전복시키거나 암암리에도 무너뜨릴 수 없는 제단 앞에서 절을 한다. 문필가가 문학적 가치를 판단하는 심판관이자 보증인이 된다고 가정하자. 하지만 (아무리 천재적이고 명성이 높더라도) 그런 문필가는 열정은 없고 예우를 밝힐지 모른다. 그리고 자신의 터무니없는 주장과 대립하는 사람이나 사물을 증오할지 모른다. 다른 모든 것에는 무관심한데 예우에는 온갖 촉각을 세우다가 자존심이 상하면 발에 밟힌 뱀처럼 꿈틀거린다. 누군가 조금이라도 맞먹으려 들거나 경쟁 상대가 될 듯하면 차가운 점액 같은 무관심은 맹독으로 돌변한다. 이런 문필가는 오래 알고 지내는 사람을 짓밟을 수 있는 자리에 붙들어 두고 싶어한다. 새로 알게 된 사람에 대해서는 어떻게 이제야 알게 되었는지 의아해하고, 그 사람을 알아갈수록 점점 더 큰 경멸심을 드러내고 헐뜯는다. 그러면서도 상대방의 칭찬은 또 듣고 싶어서 애를 쓰지만 뜻대로 되지 않는다. 이런 인물은 선의를 가지고 노력하는 사람들을 비웃는다. 그들의 좋은 점에는 입을 다물고, 그들이 물을 마시거나 음식을 먹는 모습만 봐도 비위가 상하거나 불편해 한다. 결국 그들이 감옥에 들어가거나 굶주리거나 죽어야만 그의 배타적 허세는 안도하고 아르고스의 눈처럼 경계하던 의구심은 비로소 잠을 이룬다.

오늘날 작가가 성공하려면 작가라는 것만 가지고는 안 된다. 평민이라면 부유한 평민이거나 귀족이어야 한다. 단순히 문학에 종사하는 인물이라는 것으로는 충분치 않다. 여론에 내맡겨진 시인이나 철학자 같은

"불쌍한 두발짐승"[22]은 금세 달려드는 박쥐 떼나 부엉이들의 공격에 살아남지 못한다. 비평의 다정한 케르베로스(그리스 신화에서 지옥을 지키는 개)를 진정시키는 것은 이름과 재산, 직함, 영향력이다. 훗날 이름을 날릴 사람은 삼류 작가의 악의가 통하지 않는 위치에 오르면 되고, 아부의 달인들에게는 공식 만찬에 초대받거나 공석 중인 공직을 얻을지 모른다는 희망을 품게 해 주면 된다. 어떤 잡지가 퍼시 비시 셸리를 칭찬하고 존 키츠를 비방하는 이유가 거기에 있다.[23] 그 잡지는 재산이나 명성 면에서 셸리를 파멸시킬 수는 없지만 키츠에 대해서는 명성과 함께 생계를 끊어 버리고 죄수 거주 구역으로 추방시킬 수 있다는 것을 잘 알고 있다.

어떤 작가들은 문학적 노예 근성을 단체로 고백이라도 하듯이, 영국에는 위대한 시인이 없었다면서 귀족 출신이 아니면 (또는 혼인으로 맺어진 연줄이라도 없으면) 천재의 특징을 가졌다고 자처할 권리가 없다고 공공연히 떠들기까지 했다. 이러한 신념이 서점에

---

22 셰익스피어 『리어왕』 III. iv.
23 퍼시 비시 셸리의 아버지는 준남작이었고 존 키츠는 가난한 평민 출신이었다.

돈을 벌어다 주고, 평판을 널리 퍼뜨리고, 저자들에게 불멸의 명성을 가져다준다. 그 명성이라는 질병에 자양분을 주는 것은 작가들의 악의와 질투와 심통에 공감하는 사람들의 동정이다. 이 동정으로 사월 봄날의 공기가 다시 향기를 띈다. 그렇지 않으면 몹시 구역질이 날 것이다.

진정한 공화주의자란

가난한 사람의 오두막

너머로 떨어지는

샛별을 보고

행복해지고 싶은

인간의 희망과

연결시키는 사람

아첨꾼과 독재자에 관하여

물론 속는 즐거움은
속이는 즐거움에 못잖다.[1]

얼마 전 로버트 오윈[2]에게 약속한 게 있다. 자유와 행복의 자연스러운 진보를 방해하는 요인을 부분적으로나마 설명해 보겠다는 약속이었다. 이 약속을 셰익스피어의 『코리올레이너스』에 관한 글을 써서 다소나마 이행했고, 이제 이 글로 조금 더 보충해 보려 한다.

지식과 문명의 진보는 그 자체로 자유와 평등에 유리하며, 일반적인 사고와 의견의 흐름은 늘 진보하는 쪽으로 흐른다는 독창적이면서도 낭만적인 오윈의 말

---

1 새뮤얼 버틀러 『휴디브라스』 II, iii, 1-2.
2 Robert Owen(1771-1858). 영국의 자선사업가, 사회개혁가. 유토피아 사회주의의 창시자인 그는 뉴 라나크에서 방직 공장으로 부를 쌓았다.

은 인정한다. 하지만 민심의 흐름이 너무 거세지고, 권력의 지반이 썩어 문드러져 권력의 성벽에 구멍이 날 조짐이 보이면, 권력은 사상과 민심의 물결을 되돌리고자 이성을 매수하여 인간 본성에 대적하게 하거나 보다 간단한 방식으로 이성을 내리찍는다. 그래서 1792년 에드먼드 버크는 프랑스 혁명을 비난하는 책을 쓴 대가로 왕이 하사하는 연금 수령자가 되었고, 토머스 페인의 『인간의 권리』는 금서가 되었다. 그 후 언론은 자유의 주적이 되었다. 두려움과 호의가 언론이라는 거대한 영향력(좋은 의도로든 나쁜 의도로든)을 가진 시스템에 악성 폐해를 심었기 때문이다.

우리는 지성의 약점을 네 가지로 나누어 볼 수 있다. 첫째, 졸렬한 상상력. 이것은 진정한 궁극의 선을 추구하는 듯한 겉모습에 혹한다. 둘째, 이해력의 교묘함. 이것은 거짓을 참으로 꾸미고 언어도단의 악습마저 얄팍한 궤변으로 대수롭지 않게 보이게 한다. 셋째, 세속적 이권과 영달. 넷째, 문필가들끼리의 갈등과 시새움. 문필가들만큼 단체 행동에 적합하지 않은 부류도 없다. 그들은 하나같이 현실을 피하는 경향이 있고 외따로 목소리를 낸다(인간의 사고 회로는 머릿

아첨꾼과 독재자에 관하여

에드먼드 버크

수가 아니라 개인의 에너지로 작동하기 때문일 것이다). 문필가들의 동기가 좋든 나쁘든 제각기 개인적이고, 허영심은 폐쇄적이며, 진리를 사랑하는 마음마저 제멋대로다. 그들은 동종 보존이 아니라 동종을 파괴함으로써 존속한다. 합의의 정신은 없고 반대의 정신만 있다. 그들은 자신이 최초로 발견한 것이 아니면 좀처럼 옳은 것을 옳다고 틀린 것을 틀리다고 순순히 인정하지 않을 뿐더러, 최상을 최하라고 최하를 최상이라고 반박할 준비가 되어 있다. 이러한 마음은 우울과 자의식 과잉의 충동에서 나온다. 그럼으로써 금전적 보상이 뒤따른다면 그들의 마음가짐은 또 그쪽으로 쏠린다. 이권이 문필가들의 주된 관심사라는 말은 아니다. 하지만 이권과 허영심이 타협하면 이권을 추구하는 마음이 조용히 은밀하게 작동한다. 문필가들의 이런 특성은 잘 알려진 사실이다. 그래서 셰익스피어도 브루투스의 입을 빌려 키케로를 음모에 가담시키는 것이 적절하지 않다고 아래와 같이 이의를 제기한다.

> 그의 이름은 꺼내지도 말게. 그에게 우리의 계획을
> 말하지 않는 게 좋아. 그는 남이 시작한 일을
> 따를 사람이 아니야.

에드먼드 버크의 『프랑스 혁명 고찰』[3]은 사실 셰익스피어의 이 짧은 인용 구절을 상세히 비판한 논평에 지나지 않는다. 버크는 루소에 악의를 가지고 프랑스 혁명을 비난했다. 루소의 천재적 재능이 일으킨 불꽃이 자유의 불길을 타오르게 했기 때문이다. 불길을 끄

---

[3] 이 책이 나왔을 때 국왕은 "모든 시종이 읽어야 할 책"이라며 그중 일부를 염소 가죽으로 장정하여 총애하는 신하들에게 나누어 주었다. (원주)

1789년 7월 14일 바스티유 습격은 앙시앙 레짐의 종말을 알리는 사건이다.

려는 버크의 노력은 그와 같은 생각을 가진 문필가들이 있었기에 성공을 거두었다. 이 자들은 모든 신사도와 관대함의 원칙을 병적이고 비열하고 이기적이고 불안정하고 더러운 저술에 희생할 준비가 되어 있었다. 마침 콜리지의 유익한 증언에 따르면 그런 자들은 무신앙과 신앙의 구별을 단순히 자신들의 허영심을 만족시키는 구실로 삼을 뿐만 아니라, 다른 문제들 즉 자유와 노예제, 인간의 권리, 수백만 민중을 영원히 노예처럼 다스리기 위한 왕권 신수설과 같은 매우 중요한 문제들을 (알면서도 고의적으로 타협하는 사람은 누구든 자신과 동료에게 반역자다) 저술과 관련된 저급하고 하찮고 경멸에 찬 시기심을 푸는 일에 종속시킨다.

여기서 불쾌하게 그런 자들이 저지른 일들을 구체적으로 나열하지는 않겠다. 하지만 잊을 수는 없다. 문필가들은 모두, 아니 거의 모두 어떻게든 "공허한 칭찬이나 짭짤한 보수"가 있는 쪽으로 슬그머니 옮겨 갔다. 그들은 높으신 분들의 따스한 손길이 있어야 하고, 기개를 꺾지 않으면 식솔을 먹여 살릴 수 없다. 악기 대신 장부를, 펜 대신 쟁기를 들고 정당하게 돈 버는 일을 하지 않고, 극도로 몰염치한 가면극 즉 왕과 국민의 거짓 동맹을 옹호하기 위해 쓴 거짓 영웅시로 매춘의 길을 택했다! 이러한 매춘이 성공하면 어떻게 되는지 나는 그들에게 경고했고, 결과는 내가 말한 대로였다. 그리고 그들은 율리시스의 동료[4] 모양으로 두각을 나타내고 있다. 입을 멍하니 벌리고 전제 군주에 복무하는 전향자들, 부르봉 왕가의 매력에 넘어가 호의호식하는 그들. 월계관을 쓰고 부패한 돼지우리로 들어가 둥지를 튼 그들은 편안한 한직과 뜨뜻한 침대에서 허우적거리다 겨울잠에 빠졌다(그들은 과거에 불리던 이름이나 직업이 거론되어 그 상태에서 깨어나는 것을 원치 않는다). 지난 이십 년간 벌어진 문학적 매춘과 애국심에 얼룩진 역사와 그 불가사의가 그러하다.

권력은 그 어떤 불리한 처지에도 놓이지 않는다. 권력은 일체이며 나뉘지 않는다. 권력은 자기중심적이고 고집이 세고 제멋대로이며 유혹이나 간청만으로

---

[4] 사이렌은 율리시스와 병사들을 돼지로 만들었다. "Companions of Ulysses"는 '프랑스 왕가의 친구들' 즉 'Compagnons du Lys'에 대한 언어유희다. Ulysses는 Lys와 운이 맞아 '율리시스의 동료' 즉 사이렌에 의해 돼지로 변한 자들을 떠올리게 한다. 해즐릿은 부와 권력에 밀착한 문인들에 대해 이 말장난을 즐겨 썼다.

접근하기 어렵다. 이권은 권력의 편이고 열정도 권력의 편이고 편견도 권력의 편이며 종교라는 명칭도 권력의 편이다. 권력은 냉혹하기 때문에 양심의 가책을 받지 않는다. 권력은 스스로를 인간 위에 놓기 때문에 인정(人情)이 작동되지 않는다. 권력은 자신의 의지에 영합하고 자신의 자만심에 아첨하는 이성 외에 다른 어떤 이성의 소리에도 귀기울이지 않는다. 저 잔혹한 크리슈나 우상처럼 권력은 줄기차게 제 갈 길을 추구한다. 영원히 계속되는 그 길에서 벗어나는 법이 없고 진행에 늦춤도 없다. 권력은 오만불손한 시인과 애국자, 철학자(하루살이 같은 존재), 그리고 모든 세대에 끝없이 나타나는 멍청이와 무뢰한을 짓밟는다. 인간은 권력에 스스로 목을 내밀어 기꺼이 멍에를 지고 자기 자식들과 그 자식들의 자식들이 우상의 낫에 찢기든지 말든지, 그 잔혹한 우상의 피범벅된 바퀴에 깔려 죽든지 말든지 괜찮은 것이다!

동쪽 나라들의 상태가 그러하다. 인간 본성에 내재하는 비열함, 그리고 압제하고 압제당하는 사회 체제로 기우는 경향이 자연스레 발달해 왔다. 이제 우리 차례인 듯하다. 세계의 한쪽 구석에 위치한 우리는 이

제 시작일 뿐이다. 우리는 1688년 명예혁명과 1715년과 1745년에 실패한 반란의 여파에서 겨우 벗어나고 있다. 그러나 《타임스》 편집장의 후원 아래, 제2기 부르봉 왕정복고[5] 때문에 민주적 반란[6]의 마지막 성공 사례가 바로 우리 눈앞에서 좌절되었다고 낙담할 필요는 없다. 로버트 오원은 뉴 라나크의 사례를 더 매력적인 것으로 생각할지 모르지만 그의 글[7]을 헌정받은 사람들은 이미 다른 곳을 바라보고 있다.

인간은 아첨의 동물이다. 자신의 권력을 사랑하는 것은 타인의 권력을 숭배하는 것만큼 일반적이다. 전자는 독재자를 만들고 후자는 노예를 만든다. 금관을 쓴 사람만 그것을 자랑스러워하는 게 아니다. 쇠고랑을 벗고 풀려난 죄수가 해마다 단 한 번이라도 대축일에 겉만 번쩍번쩍한 금관을 볼 수만 있다면 뒤에 남은 동료 죄수들에 대해선 신경도 쓰지 않을 것이다. 별다른 희망이나 위안이 없는 노예는 자신의 비참하고 절망적인 신세를 깔보는 장엄한 왕좌의 환영에 애착하

---

5 1815년 나폴레옹의 궐위 후 1830년 7월 26일까지 계속된 왕정복고 시기.
6 《타임스》 편집장 존 스토다트는 프랑스 혁명을 '반란'으로 칭했다.
7 로버트 오원의 에세이 「뉴 라나크 연설」(1816)은 "사회 환경 개량을 목적으로 진리를 추구하는 이들에게 바친다"라는 헌사로 시작한다.

고, 자신을 굶주리게 만든 오만과 사치의 무례함을 퀭한 눈으로 쳐다보지만 달리 가진 게 없기에 쇠고랑을 끌어안는다.

구체제 아래서 프랑스인들은 위대한 군주의 영광으로 자신들의 누더기옷과 굶주림이 상쇄된다고 여겼다. 그들에게 생계와 군주의 위용은 동일한 만족의 대상이었다. 일시적 압제에서 해방되었다가 영원한 압제를 받게 된 불쌍한 스페인 사람들은 또다시 유서 깊은 종교 재판소의 탑을 두려워하며 경건히 올려다본다. 대중은 몸과 마음 모두를 빼앗겨도 무엇이든 남아 있는 것에 감사한다. 얼마 안 되는 가진 것 전부를 날리고, 자신들의 황폐한 마음에 세워진 군주의 허식과 장관에 꼬랑지를 흔들며 감탄한다.

> 친절한 행위에도 냉정히 구는
> 몰인정한 사람들이 있음을 나는 안다.
> 아, 슬프구나! 사람들의 감사에도
> 한탄하는 때가 많으니.[8]

---

8 윌리엄 워즈워스의 「사이먼 리」

인간의 마음은 어딘가 기댈 대상을 필요로 한다. 자부심이나 즐거움의 근원에 접근하지 못하면 인간의 마음은 고통과 사랑에 빠지고 압제에 매혹된다. 그 마음은 부와 권력의 무정한 손아귀가 앗아간 자유와 행복, 안락과 지식의 뒷모습만 물끄러미 바라볼 뿐이다. 가난한 채무자는 권력자가 과시하는 모습을 질시와 경탄의 눈으로 바라본다. 이런 식으로 세상은 차츰 격리 병원 같은 곳으로 축소된다. 사람들은 결핍과 질병으로 쇠약해지고 세상에서 잊힌 채 무덤까지 기어갈 수 있게 내버려두는 것만으로도 감사해 한다. 국민의 충성도는 자기들에게 가해지는 조직적 압제에, 그리고 자유의 개념과 저항 정신의 상실에 비례할 것이다.

가장 비굴한 복종은 언제나 가장 확고한 독재로 통하기 마련이다. 가장 비열한 노예는 가장 이상적인 아첨꾼이다. 이 아첨꾼은 주인의 마차 꽁무니에 올라타고 민중을 경멸의 눈초리로 내려다본다. 그는 자신의 출신과 현실의 처지를 망각하고 자기 눈에 늘상 비치는 높으신 분의 품위를 기준으로 민중을 바라보고 비교한다. 언론 기관의 봉급자(더 비열한 노예)들은 나름의 '노예' 제복을 자랑스러워한다. 그자들은 자신의 비열함을 기준으로 타인의 위대함을 가늠한다. 세상사에 초연한 듯한 그들의 포부는 자신들의 노예 근성에 주어지는 보상이다. 그들은 자신들의 느슨한 지조를 감추기 위해 고매한 인격자인 양 떠벌린다. 또한 왕족의 성전에 자신의 인간성과 더불어 타인의 인간성까지 죄다 갖다 바친다. 권력의 온후한 어조는 왕실에 굽실대는 그들의 귀를 막고 자유의 목소리가 들리지 않게 한다. 게다가 민중의 고통에 공감하지 못하도록 권력은 벨벳 같은 손길로 언론 기관 봉급자들의 마음을 무정하게 만든다.

높으신 분들의 쾌락을 실질적으로 보살피는 뚜쟁이가 있는가 하면, 냉담한 원칙에 따라 움직이는 권력의 지적인 뚜쟁이가 있다. 독재자 하나에 수없이 많은 준비된 노예들이 있다. 인간은 선천적으로 우상을 숭배하고 왕을 사랑한다. 한 개인의 넘쳐나는 권력은 사람들의 상상력을 건드리고 그들을 자기 편으로 빨아들인다. 그 필연적 결과로 불행과 퇴보가 일반인들에게 너무 널리 만연하고 깊게 침투한다. 그 무게와 의미가 너무 크기 때문에 느리고 둔하고 사변적이고 불완전한 이성의 소유자가 아니라면 그런 결과를 반길 사람은 없을 것이다. 자유의 명분은 내재적 진리와 중대성 속에서 실종되는 반면, 독재의 명분은 교만과 대중의 무지가 결합되었을 때 불같이 일어나 승리를 거두는데, 그러면 그 명분에 저항하기 힘들다.

권력은 세상의 숭배를 받는 무자비한 우상이다. 권력은 파괴로 무장하고 겁 많은 사람의 마음에 공포로 군림한다. 그것은 감각을 압도하고 상상의 공간에 머물면서 이해력에 혼동을 일으켜 의지를 약화시킨다. 권력이 요구하는 것들은 방대하고 이에 대한 저항은 절망적이기 때문이다. 이뿐만이 아니다. 압제가 해롭고 광범위할수록, 또 오래 지속되어 왔고 앞으로도 벗어날 희망이 없을수록, 희생자들의 마음을 움켜쥔 권력은 그만큼 더 공고해지고, 권력에 대한 희생자들의 헌신은 두려움 때문에 보다 강화된다. 대중을 노예로 삼고자 하는 권력의 거대한 욕구는 모든 사람들의 정신을 파괴하고 온 세상을 지배하는 악의 화신이 되기까지 채워지지 않는다. 일단 상황이 그 지경에 이르면 아무도 그곳에서 빠져나오지 못한다.

가장 파괴적인 짐승을 신성시하는 나라에서는 절망

아첨꾼과 독재자에 관하여

과 공포가 이성을 압도적으로 마비시킨다. 미신의 편견들은 피 묻은 제물을 요하는 숭배의 형식에 쓰일 때 가장 강력하다. (종교는 공포의 다른 이름이다.) 극악한 우상은 극도의 경외심을 가지고 접근하라고 우리에게 요구한다. 이성과 상식에 큰 불쾌감을 일으키는 것일수록 열망과 상상에는 그만큼 신성해 보인다. 그러니 《타임스》 편집장이 왕권 신수설 또는 정통성이라는 우상 앞에 머리를 조아리는 것도 당연하다. 과거 모든 시대의 우상에 바쳐진 제물보다 지난 이십오 년간 그 우상의 터무니없고 어이없는 요구에 더 많은 생명이 희생되었으니 말이다. 이 허구적 정통성처럼 오늘날 아첨꾼들의 까다로운 입맛에 맞게 잘 고안된 것도 없다. 그것은 아첨꾼들의 비굴한 노예 근성과 까칠한 이기주의의 급소를 파고들었다. 이 우상의 고안자들이나 개조자들에 비하면 유태인이건 이방인이건 기독교인이건 다른 모든 우상 장사치들은 싱거워 보일 지경이다.

　모든 우상 숭배의 원리는 똑같다. 그것은 숭배할 무언가에 대한 결핍을 채우려는 심리의 작용이다. 그 결핍이 무엇인지, 왜 그런지는 모른다. 원인 없는 결과를 사랑하는 셈이다. 우상 숭배는 우리의 허식을 손상시키지 않는 공물을 자발적으로 바치는 행위이다. 그리고 우리가 다른 사람들에 대해 우월감을 느낄 수 있는 무언가를 온 세상에 세우는 행위이다. 다시 말해 바로 우리 자신이 만든 작품인 것이다. 우리의 경배가 변태적일수록 우상 숭배는 우리의 욕망 어린 아집을 더 만족시켜 준다. 경배의 대상이 잔인할수록 우리는 그것에 더 거대하고 더 호화로운 속성을 부여한다. 거짓이 클수록 믿음은 더 열광적이고 그 거짓은 더 탐욕스럽게 받아들여진다.

> 그 신이 어떤 인종이든
> 나무토막이든 돌이든 또는 다른 흔한 재질이든
> 하인들은 금박으로 만들어진 양
> 신을 옹호하는 일에 거침이 없다.[9]

이 전도된 구도 속에서, 어설픈 사기꾼들의 문화가 그리 발달하지 않은 구시대 나라들은 나무토막과 돌

---

9 영국의 시인 존 드라이든의 풍자시 「압살롬과 아키토펠」

로 만든 우상에서 벗어나지 못했다. 얼빠지고 부조리한 신봉자들은 가장 세련된 것이라도 기껏해야 심술궂은 동물이나 극히 무가치한 사물을 숭배 대상으로 선택했다. 그런데 정통성이라는 새로운 법적 허구의 입안자들은 실재하지 않는 것을 주창하기 시작했다. 고대인들은 태양과 별을 숭배하거나 영웅과 위인을 신격화했는데, 현대인은 루이 18세에게서 신성의 이미지를 포착했다. 현대인은 숭배할 우상들을 세웠는데, 만일 위선을 중요하게 여기지 않았다면 필시 그것들을 보고 비웃었을 것이다. 무수히 많은 목숨을 우상에 제물로 바치면서도 그것이 인류의 자유와 행복을 증오하게 만들고 변절자적 변덕에 세상을 종속시키는 일종의 허수아비일 뿐임을 현대인은 안다. 그들은 왕을 신으로 생각하지 않고 동시대인들을 개돼지와 같은 위치로 강등시키기 위해 그런 척할 뿐이다.

정통성은 비열하고 악의에 찬 그들의 목적과 정확히 부합한다. "정통성으로 모든 의견이 관철되었다."[10] 시체 도굴자들 즉 우아한 왕권신수설 사회가 자유의

---

10 omne tulit punctum. 출처는 명확하지 않지만 루이 14세(1638-1715)의 "짐이 곧 국가다"라는 말과 통한다.

제단에 슬그머니 올려놓은 그 거짓 원칙, 그 작은 곱사등이[11]는 상상의 유령일 뿐만 아니라 모순어법이기도 하다. 정통성은 폐해이되 타파된 폐해이고, 사기이되 아무도 속이지 못한다. 정통성은 두려움과 혐오에 따른 무기력 앞에서 강하고 불합리 앞에서 안전하다. 두려움과 혐오는 산 사람과 연결되어 있는 죽은 폐해이다. 정통성이라는 명예의 시궁창, 자유의 무덤이 국가의 심장을 마비시킨다. 그것은 인류를 소유물이라고 주장하지만 그 권리는 하나님에게서도 인간에게서도 나오지 않는다. 정통성은 오만한 취급을 받는 교회의 권위에서도 나오지 않는다. 정통성이 뜻하는 바는 국민의 뜻과 반대되며 그것은 그런 국민의 뜻을 경멸한다. 이러한 정통성의 주요 지지자로 웰링턴 공작의 칼과《타임스》편집장의 펜이 있으며, 내가 알기로 후자는 실패했다.[12]

나는《타임스》편집장에게 진정한 공화주의자[13]란 "가난한 사람의 오두막 너머로 떨어지는 샛별을 보고

---

11 리처드 3세(1452-1485).
12 존 스토다트는 1816년에《타임스》에서 해고되었다.
13 자코뱅파를 가리키는데, 이들은 1789년 프랑스 파리의 도미니코회 수도원에서 결성된 정치 단체로 민주주의와 평등을 기치로 내걸었다.

행복해지고 싶은 인간의 희망과 연결시키는 사람"이 라고 정의해 준 바 있다. 도시만 아는 정치가인 편집장은 이 목가적 정의를 비웃으며 나에게 "《모닝 크로니클》[14]에 글을 쓰는 진정한 공화주의자"라는 별명을 붙여 주었다. 나의 글이 그에게 아무런 보탬이 되지 못한 것처럼 그 별명도 나에게 아무런 보탬이 되지 않았다. 그 후 나의 상상은 낭만적 색채를 약간 잃었지만 시간이 날 때마다 그에게 곱씹어 볼 정의를 알려 주겠다.

진정한 공화주의자는 왕권신수설 또는 그것의 이름만 비슷하게 바꾼 그 어떤 것도 인정하지 않는다. 왕권신수설은 국민의 뜻을 무시하는 통치를 의미한다. 공화주의자는 그런 모든 군주를 독재자로 규정하고 그의 국민을 노예로 판단한다. 진정한 공화주의자는 '훌륭한 혐오자'[15]여야 한다. 하지만 이것은 모든 미덕 가운데 가장 어렵고 가장 호감이 덜 가는 미덕이며, 모든 일 중에 가장 힘들면서 생색이 안 나는 일이다.

---

14 1769년에 창간된 신문으로 논조는 급진주의적이었다. 해즐릿에게 처음으로 고정적인 일을 준 신문이었다.
15 해즐릿이 좋아하는 표현인 '훌륭한 혐오자'는 대체로 멍청이와 파렴치한을 혐오하는 사람을 뜻한다.

자유에 대한 사랑은 독재자에 대한 혐오에 있다. 진정한 공화주의자는 자유를 혐오하는 자유의 적들을 전심전력으로 혐오한다. 그가 가진 수단이 얼마 안 될지라도 기억은 오래 가고 의지는 자유의 적들 못잖게 강하다. 자유의 적들이 자신들에게 가해진 위해를 절대로 잊거나 용서하지 않듯이, 진정한 공화주의자도 자유의 적들이 가한 위해를 절대로 잊거나 용서하지 않는다. 이 두 부류 사이에는 적의만 있을 뿐이다.

진정한 공화주의자는 자유의 적들이 "마음속 깊은 곳에 혐오의 씨를 뿌리고 양육하여 생산을 증대한다"[16]라는 옛 격언의 독점적 수혜자가 되게 내버려두지 않는다. 그는 그자들과 화해도 협정도 맺지 않는다. 무도(無道)를 혐오하는 진정한 공화주의자는 자유의 적들이 행사하는 무도에 무도로 맞서 끝을 낸다. 그들이 무도함의 행사권을 노골적으로 장악한 것을 진정한 공화주의자가 의식한 이상 그는 쉬지도 못한다. 이 의식은 그의 피 속에 괴어 있으면서 독사의 혀가 되어 그의 마음을 괴롭힌다. 이것은 부패한 작가들

---

16 고대 로마의 역사가 푸블리우스 코르넬리우스 타키투스의 『연대기』

에게 치명적이다. 이 의식이 일단 머리 속에 자리잡으면 마음이 심란해진다. 사람에 따라 여자 문제나 장난감에 대해 또는 도박에서 주사위를 던질 때, 말 한마디에, 누군가에게 세게 얻어맞았을 때, 또는 자신과 관련된 어떤 문제에 대해 그런 감정을 느끼지 않는가?

 타인의 열정은 권력을 향한 사랑에 있겠지만, 진정한 공화주의자의 마음속에 있는 열정은 진리를 향한 사랑이다. 열정의 뒷받침이 없는 관념적인 이성은 강압과 교활로 무장한 권력과 폐해의 적수가 되지 못한다. 자유에 대한 사랑은 타인에 대한 사랑이며, 권력에 대한 사랑은 자신에 대한 사랑이다. 전자는 몽상인 경우가 많지만 후자는 현실적이다. 그렇기 때문에 오늘날 변절자들이 생겨나는 것이다. 보편적 선이나 명성을 추구하면서 주위를 두리번거리다 보면 그들의 마음은 흔들리고 산만해진다. 권력의 눈은 하나님처럼 그들을 계속 주시한다. 졸지도 잠들지도 않는 권력의 눈은 유일한 목적 즉 자신의 이득만을 노리며 기다린다. 그러다 권력의 눈과 그들의 눈이 마주친다. 그러면 그들은 권력의 신성한 빛에 머리를 조아리고 불쌍하게 날개를 퍼덕거리며 그 아래로 움츠러들어 어

아첨꾼과 독재자에 관하여

질어질하다 정신을 잃고 권력의 입속으로 사라진다. 그들은 더이상 보이지 않는다. 오히려 잘된 일이다.

꿈에 세 명의 시인이 나타나 세상을 돌아다니고 있었다. 그들의 손에는 인간의 심장이 들려 있었고 하늘을 향해 눈을 처들 때마다 심장에 입을 맞추고 예배를 올렸다. 하늘에서 엄청난 함성이 울리더니 대기가 진동했다. 바스티유의 탑들이 무너진 것이다. 노예의 국가가 자유인의 국가가 되었다. 그 소리를 들은 세 시인은 기뻐하며 환성을 지르고 축연을 벌였다. 기쁨의 눈물에 목이 메었고 그 눈물이 인간의 심장에 떨어졌다. 시인들은 심장에 입을 맞추고 예배를 올렸다. 그리고 얼마 뒤 그 세 시인이 다시 보였는데, 한 명은 영수인(領收印) 도장을 들고 있었고, 또 한 명은 머리에 월계관을 쓰고 있었으며, 나머지 한 명은 사실적이지도 우화적이지도 않은 식별할 수 없는 상징을 갖고 있었다. 그들은 교황의 행렬과 종교재판소와 부르봉 왕가를 뒤따르면서 짐승의 표적을 숭배하고 있었다. 인간의 심장이 그려진 문장(紋章)이 땅에 떨어져 있었는데, 시인들은 그것을 짓밟으며 침을 뱉었다!

이 우화는 끝을 맺을 가치도 없고 관련된 사람들을

아첨꾼과 독재자에 관하여

언급할 가치도 없다. 나는 그들과 손을 끊었다.

1817년 1월 12일

구체제의 모순을 풍자한 만평

이웃에게 돈을
빼앗기지 않기 위해
문 앞에 교수대를
세우고 싶은 사람은
없을 것이다.

사형에 관하여

베카리아[1]를 비롯한 현대 작가들이 밝힌 사형에 관한 의견에는 몇몇 중요한 상황과 관련하여 오류와 결함이 있는 듯하다.

반론 1

그들은 "처벌의 강도보다는 처벌의 기간이 인간에게 가장 강력한 영향을 미친다"라는 것을 일반 명제로 내놓는다.

그런데 이 명제는 모든 경험과 인간 본성의 원리와

---

1 Cesare Bonesana di Beccaria(1738-1794), 이탈리아의 철학자, 범죄학자. 대표작 『죄와 벌 논고』(1764)에서 고문과 사형을 비난했다.

정면으로 부딪친다. 인간이 받는 다수의 인상은 그 자체로는 미미하고 시간이 흐르면서 흩어지기는 해도 한번에 가해지는 강력한 사물의 충격보다 더 큰 영향을 끼친다고 이 명제는 가정한다. 격정은 가상보다는 이성에, 선악의 정도보다는 실체에 더 큰 자극을 받는다(이에 대해 제러미 벤담[2]은 대체로 근거가 없는 말이라고 했지만, 죽음의 공포가 범죄자에게 미치는 영향에 관한 한 그도 동의하는 입장이다). 이 원리가 특히 범죄자와 관련해서 사실이라면(이에 의문을 가질 근거는 있지만), 장기간에 걸쳐 집행되는 처벌에 대한 두려움이 단기간의 혹독한 처벌에 대한 두려움보다 크기 때문이 아니라 죽음은 그들에게 혹독한 처벌이 아니기 때문이다.

또한 "가혹한 처벌보다는 반드시 처벌받으리라는 두려움이 범죄 예방에 더 효과적"[3]이라고 한다. 나는 이 말이 평균적으로나 이론적으로나 맞지 않고 자명하지도 않다고 생각한다. 보편적인 인간 본성과도 맞

---

[2] Jeremy Bentham(1747-1832), 영국의 철학자, 사회 개혁가. 노예제와 사형제의 폐지를 주장했다.
[3] 베카리아의 『죄와 벌 논고』

지 않을 뿐더러 불법을 일삼는 파렴치한 부류에게는 더욱 그렇다. 그런 자들의 인격으로 판단건대, 강력한 동기가 없거나 상상과 격정에 강한 자극이 없으면 그들은 무엇에도 영향을 받지 않고 어떤 훈계도 소용이 없다. 처벌의 확실성이 눈앞에 분명히 보이고 이에 따르는 상황이 머릿속에 그려져야만 범죄 예방에 효과적이다.

적당한 처벌이 엄격히 집행되고 가혹한 처벌은 잘 집행되지 않을 때, 의심할 여지 없이 사람은 공허한 협박으로 보이는 처벌보다는 심각하게 현실로 보이는 두려움에 더 영향을 받는다. 이 원리는 어느 정도까지는 들어맞되 그렇지 않은 경우도 있다.

명제 1

범죄를 가장 효과적으로 예방하는 것은 처벌의 실체가 아니라 처벌의 실제 강도다. 혹독한 처벌은 더 쉽게 감지되기 때문에 지속적인 처벌보다 더 큰 영향을 미친다. 처벌의 확실성이 분명하게 제시되지 않으면 그 효과는 신뢰받지 못한다.

행동을 낳는 것은 결과에 대한 예상이 아니라 무의

식적으로 마음에 새겨지는 억누를 수 없는 느낌이다. 법으로 범죄를 예방하려면 그 법은 사람들의 이성이 아니라 격정에 호소해야 한다. 범죄는 이성이 아니라 격정에서 출발하기 때문이다. 인간을 이성으로 다스릴 수 있다면 법이 필요없을 것이다.

반론 2

머리로만 생각하는 작가들은 당연히 처벌이 두려움만으로 또는 인과에 대한 개인의 두려움만으로 작동한다고 생각하는 듯하다(그 반대의 주장이 있더라도 그 차이는 크지 않다).

사리사욕이 인간의 행동에 유일한 원동력이라는 점은 사실상 거의 모든 철학의 지배적 명제다. 이에 따라 처벌의 두려움은 오직 냉정하고 타산적인 사리사욕의 원리를 바탕으로 작동하리라는 추론이 나왔을 것이다.

하지만 타인과의 공감은 그 발단이 무엇이든 간에 사실상 독립적이고 강력한 행동 원리다. 타인의 의견과 감정은 우리의 사리사욕이나 성향과 부딪쳐 끊임없이 행동에 영향을 끼친다.

따라서 처벌이 두려움의 대상으로 효과적이려면 당사자는 물론 타인도 그렇게 생각해야 할 뿐 아니라 해당 범죄에 대한 거세고 전반적인 비난을 반영해야 할 것이다. 범죄자가 자기는 무기징역과 중노동보다는 차라리 사형을 받겠다고 한다면, 사회가 사형을 그 범죄에 대한 가장 큰 혐오와 분노를 드러내는 것인 한, 그는 사형을 최악의 처벌이라고 생각할 것이다.

명제 2
처벌은 공포로 작동하지만 동정으로 작동하기도 한다. 형법은 결과에 대한 두려움을 자극하는 것 못잖게 그 결과의 엄청난 대가를 분명히 인식하게 하고, 그 결과에 대해 모두가 느끼는 혐오를 통해 범죄를 저지하는 경향이 있다. 가장 엄한 법이라도 그것이 민심의 표현인 한 효과적이지만, 민심과 분리되면 만족스러운 효과를 보지 못할 것이다. 민심의 눈으로 볼 때 범죄의 중한 정도에 비례하는 형벌이 내려지지 않으면 법의 엄격함에 대한 두려움이 약화된다. 이 점을 차치한다면 가장 중한 벌이 가장 효과적일 것이다. 사소하고 흔한 위반 사례에 엄벌을 적용해도 효과가 없다고

해서 큰 공분을 사고 중형을 정당화하는 중대 범죄에 적용하는 것도 효과가 없으리라는 주장은 성립하지 않는다.

반론 3

처벌의 유일한 목적은 범죄 예방이라는 생각, 그리고 그 목적을 효과적으로 충족시키는 법이 가장 좋은 법이라는 생각이 전술한 내용에 암시되어 있다.

그러나 이 또한 범죄자의 동기와 행동뿐만 아니라 공동체의 민심과 관련된 문제를 다루기에는 편협하고 불완전한 시각이다. 범의(犯意)를 가진 자들에게 강제력이 필요하다는 것은 상당히 중요하지만, 그 강제력은 우리 사회의 도덕과 잘 일치하는 방식과 수단으로 동원되어야 한다. 정부를 옹호하려면 정부가 옹호할 가치가 있어야 한다는 점을 우리는 잊지 말아야 한다. 민심이 법의 집행에 큰 영향을 주는가 하면, 법도 역으로 민심에 큰 영향을 미친다. 야만적인 처벌을 생각해 보면 이것은 명백한 사실이다. 공동체의 분노와 도덕심에 어긋나는 법은 결함이 있다. 처벌의 목적 중 하나는 대중의 본능적인 정의감을 충족시키고 공동체의 여론을 강화하는 것이다. 정의의 힘은 범죄가 면책받는다고 조롱받고 차단되어서는 안 된다. 마찬가지로 방해나 발뺌으로 또는 명백하고 직접적인 처벌 대신, 가능성이 희박하고 간접적이며 부자연스러운 처벌로 정의의 힘을 무기력하게 만들어서도 안 된다. 범죄가 촉발한 격분에 비례하는 처벌이 자연스러운 처벌이라고 나는 생각한다. 처벌은 옳음과 그름에 대한 확고한 판단력에서 나오고 최적의 범죄 예방책인, 다시 말해 민심의 단호하고 건강한 기조와 일치할 때 가장 유익할 것이다.

예증

범죄자들의 범행을 저지하는 대책으로 종신형과 중노동이 효과적임이 증명되더라도 이런 처벌 형태가 죄와 벌의 연관 원리, 또는 타인의 생명을 존중하지 않는 사람은 자신의 생명도 몰수당한다는 자연적 정의의 법칙을 집행하는 것으로 보이지 않는다면 사형보다 더 바람직하다고 추정할 수 없다.

자비를 구하는 타인의 애원에 무감각한 냉혹함과 그 냉혹한 자에게 타인의 동정을 요구할 수 없음을 깨닫게 만드는 세상의 격분 사이에는 자연스러운 연관성이 있다. 하지만 이십 년을 감옥에서 살고도 받게 되는 반시간의 연장 노동과 일을 끝내라고 다그치는 간수의 채찍질은 그 죄수가 저지른 범죄와 아무런 연관이 없다. 이 둘 사이에는 죄수나 대중이 확인할 수 있는 범죄와 처벌의 비율이 존재하지 않기 때문이다. 대중에게서 터져나오는 분노를 막은 다음 오랜 기간에 걸쳐, 체계적이고 계획적이고 무자비하고 가혹하게, 매일 한 방울씩 분출되는 분노를 비참한 대상에게 가게 한다는 이론은 사실상 현명하지도 인도적이지도 않다. 이런 종류의 처벌은 최악의 인간들에게 겁을 주려고 고안되었을지 몰라도 최상의 인간들에게는 혐오감을 주기도 하며, 옳음과 그름에 대한 분명한 구분에 혼동과 왜곡을 초래할 것이다.

명제 3
처벌의 목적은 범죄의 예방일 뿐만 아니라 여론의 기준을 세우고 도의적 민심을 확증하는 것이기도 하다. 따라서 처벌의 방식과 강도는 치안 법규와 더불어 이 목표들을 감안하여 결정되어야 할 것이다.

반론 4

처벌이 효과를 보려면 사람들이 처벌에 관해 잘 알고 있어야 하며, 처벌의 교훈이 오래가야 한다(이것은 항상 대중에게 보여야 한다)는 점에서 반대 의견이 있을 수 있다. 하지만 최선의 처벌은 죄의식과 비참한 환경을 사전에 알지 못해도 무서워야 하고, 이해되지 않아도 되고, 멀리 떨어져 있어도 영향을 주고, 언급만으로 사람을 놀라게 하고, 습관적인 두려움이 아닌 상상 속의 두려움으로 작용하고, 인간의 비하를 일상의 구경거리로 만들어서 탄력 있는 민심을 동요하지 않고도 최종적인 효과를 보여주는 것이어야 한다. 이웃에게 돈을 빼앗기지 않기 위해 문 앞에 교수대를 세우고 싶은 사람은 없을 것이다.

명제 4

실제로 최소한의 고초를 겪었어도, 또 그 불운을 특별히 떠올리지 않아도 깊은 우려를 품게 만드는 것이 최상의 처벌이다. 물리적 체험보다는 상상력에 호소하는 처벌의 효과가 그러하고, 명예에 관한 행동 원리, 일반적인 열정과, 또는 고통의 두려움이나 죽음의 공포와 같은 본능적으로 반감을 갖게 하는 것과 직접적으로 관련이 있는 처벌의 효과가 대체로 그러하다. 이런 처벌은 제러미 벤담의 표현을 쓰자면 가장 경제적이며, 개인적 고초의 비용을 최대한 줄이면서 또는 대중의 동정을 악용하는 것을 최대한 줄이면서 제 기능을 한다. 그러한 점에서 보면 공적인 영역의 처벌보다 사적인 영역의 처벌이 바람직하다.

일반적인 추론

사회의 형편에 적합하고 범죄의 경중에 비례하는 처벌 단계가 있어야 한다. 상상력을 자극해 두려움을 일으킬 목적으로 가혹한 처벌을 남발해서는 안 된다.[4] 처벌이 효과적이려면, 형벌의 공평성을 따지고 인간적 동정심에 근거해야 한다. 가령 최고 수위의 처벌을 중대하지 않은 범죄에 적용해서는 안 된다.

여론의 지지가 없으면 법 집행은 약화될 뿐만 아니

---

4 스코틀랜드에서 사형을 집행할 때 참관하는 사람들은 모두 우울해 보이고 많은 이들은 눈물을 흘리며, 기절하는 사람도 있다. 하지만 스코틀랜드에서 사형이 집행되는 일은 매우 드물다. (원주) 영국의 정치가 제임스 버러(1714-1775)는 "행정이든 입법이든 모든 합법적 권력은 국민에게서 나온다"라고 말한다.

라 범법자에게 자신감을 불어넣어 법 집행에 저항하고 싶은 마음을 일으킨다. 그러면 법의 판결에 결부되는 치욕은 여론의 동정으로 전환될 수 있다. 법을 제정해도 집행하지 않으면 법의 공포는 제거된다. 이 경우, 그래도 법에 대한 두려움이 남아 있다면 그것은 법의 부당한 적용에 대한 두려움일 것이다. 부당한 조치는 필연적으로 옳고 그름에 대한 의식을 손상시키기 마련이다. 법이 융통성 없이 집행되면 그 효과는 더 나쁠 것이다. 일반적으로 사회 관습의 지지를 받지 않는 모든 법은 악법이며, 집행되지 않는 법은 사회 관습과 일치하지 않는다. 현재 영국 법의 많은 부분이 그러하다. 그렇다고 놀랄 일은 아니다. 관습은 변해왔고, 앞으로도 알게 모르게, 좋든 싫든 상황에 떠밀려 늘 변할 것이다.

그러나 실증적 제도의 산물로서의 법은 변함이 없다. 법이 관습에 단계적으로 부단히 동화되지 않으면 관습은 언젠가는 필연적으로 법과 불화하게 되어 있다. 그리하여 법은 혐오스럽고 무력하고 해로운 것이 되고 만다. 그러면 정의의 수레바퀴에 윤활유는커녕 쐐기가 되는 것이다.

옮긴이의 말

영국 국교회에 반대하는 유니테리언교 목사의 아들로 태어난 해즐릿은 어려서부터 독립심이 강했다. 아버지처럼 영국 국교회의 신조에 충성 서약을 하지 않았기 때문에 옥스퍼드나 케임브리지 대학교에 진학하지 못했다. 대신 진보적 신학문을 가르치는 해크니 칼리지에서 철학을 공부했고 당시 유명한 화가였던 형을 따라 화가가 되었다. 그러나 그림보다는 글을 써서 일찍 명성을 얻은 해즐릿은 영국 언론과 에세이라는 산문 형식에 이정표를 세운 인물이 되었다.

해즐릿의 생애에 관해서는 『혐오의 즐거움에 관하여』에서 자세히 소개했다. 이번 두 번째 에세이집에서는 중복을 피해 해즐릿의 말년에 물의를 일으킨 소설 『리베르 아모리스』(1823) 일부를 소개하고, 그의 고독을 엿볼 수 있는 짧은 에세이로 옮긴이의 말을 대신하고자 한다.

옮긴이의 말

『리베르 아모리스』 중에서

변화가 있다고 변하는 사랑은 사랑이 아니다.
사랑은 폭풍우를 바라보며 일체의 흔들림 없이
늘 그 자리를 지키는 등대와 같은 것이다.[1]

그녀가 변덕스럽고 어리석어도 그녀를 있는 그대로 사랑하면 안 될까? 나를 향한 마음 때문에 그녀를 사랑한다면 나는 그녀를 사랑하는 게 아니라 나를 사랑하는 것이다. 그녀는 나를 떠났다. 나의 사랑마저 빼앗아 갈까? 나는 그녀의 웃음에 의지하여 살지 않았는가? 그 웃음이 나를 향하지 않는다고 더이상 다정해 보이지 않는가? 나는 그녀의 모든 매력을 숭배하지 않았던가? 그녀가 나를 떠나 다른 남자에게 갔다고 그녀가 몸을 구부리는 모습의 매력이 줄어드는가? 만일 그렇다면 나의 사랑은 우연이나 그녀의 변덕에 지배되는가? 아니다. 나는 나의 사랑을 순수하게 지속시킬 것이다. 그녀를 여신으로 삼고, 내 마음속에 신전을

---

1 셰익스피어 『소네트』 116.

옮긴이의 말

세워 불멸의 제단에서 그녀를 숭배하고, 여신상을 만들어 바칠 것이다. 그 앞에서 행하는 나의 참배는 비할 데 없이 균형 잡힌 그녀의 모습처럼 흠이 없을 것이다. 그게 뜻대로 잘 안 될 경우, 그 모습의 기억만큼은 살아남을 것이며, 어떤 비웃음도 내 가슴을 뚫지 못할 것이다. 연민이 그녀의 가슴을 뚫지 못했던 것처럼. 그리고 나는 흔들리지 않는 사랑을 품고 그녀를 쫓아가 나를 노예로 받아달라고 간청할 것이다. 그녀가 허락하든 않든 보상도 받지 않고 그녀의 걸음걸이를 보살필 것이다. 그녀가 살아 있는 동안에는 그녀를 섬기고 그녀가 죽으면 그녀를 위해 슬퍼하리라. 그리하여 나의 사랑은 그녀의 미움보다 월등함을 보이게 되리라. 나는 승리를 거두고, 그러고 나서 죽을 것이다. 내가 생각하는 참되고 영웅적인 사랑이란 모름지기 그러하다. 이것이 그녀를 향한 나의 사랑이다.

완전한 사랑에는 그 소유자가 더이상 바랄 것이 없게 하는 이점이 있다. 영혼이 절대적 만족을 찾는 대상이 (적어도) 하나는 있으며, 이 대상을 위해 살고자 하고, 이 대상을 위해서라면 죽음도 불사한다. 열정의

옮긴이의 말

진실성은 말뿐인 약속의 과도함과 보조를 맞추며 경쟁한다. 말로 표현하지 못할 감정도 없고, 참된 사랑을 하는 가슴에서 우러나는 감정을 섬세히 표현할 수 없을 말도 없다. 사랑스러운 사람, 천사, 신성과 같은 흔한 말들은 얼마나 덧없이 들리는가! 바다 위에 둥지를 만들어 풍랑을 가라앉힌다는 신화의 새처럼 완전한 사랑은 선택한 대상에 머무르고 천국의 공기가 그 사랑을 감싼다.

「런던의 고독」

런던에서는 돈만 있으면 무엇이든 가질 수 있다. 그런데 이곳에서 돈이 없어도 온전히 가질 수 있는 게 있으니 바로 고독이다.

후미진 고장의 깊은 산골짜기나 인적 없는 황야에는 도시와 달리 길거리의 소음이 없고 쾌락의 수레바퀴 자국도 없지만, 그런 곳에도 사람이 찾아들고 연민이 다양한 모습으로 초라한 지붕 아래 스물스물 들어올 것이다. 호기심이 동한 여행자들이 지나는 길에 그

옮긴이의 말

곳에 사는 은자를 물끄러미 바라보거나, 읍내의 성직자가 냉담한 종교의 위로를 주기 위해 그곳을 찾을 테니 말이다. 아니면 가난한 사람들에게 인정을 베푸는 어느 친절한 독신녀가 병을 고칠 약이나 가난을 구제할 무언가를 가지고 도움을 주러 찾을지도 모른다.

그러니 깊은 고독은 무수한 사람들의 심장이 박동하고, 모든 분주한 거래와 모든 세련된 생활 양식, 모든 거대한 권력, 모든 현혹적인 호화로움, 모든 훌륭한 재능, 모든 호의적인 감정이 한데 모이는 대도시의 돈 없는 은둔자가 느낄지 모른다. 그는 아침부터 밤까지 거리를 쏘다니며 옆을 스쳐지나가는 화려한 마차를 부러워하면서 무지한 기능공들의 밥벌이를 선망할지 모른다. 그가 다니는 거리에서 인간의 감정을 노래하는 시인들, 자비를 설파하는 성직자들, 빈자들의 비애를 동정하는 부자들, 비통한 이야기에 동정하는 감상적인 사람들, 그 누구도 그에게 관심을 두지 않을 것이다. 밤이 오면 그는 침대 없는 초라한 작은 방으로 들어가 불이 없는 난롯가에서 배를 곯며 추위에 떨지 모른다. 바깥 세상은 분주하고 즐겁고 시끌벅적하게 돌아갈지 모르지만 아무도 그에게 동정의 손길을

옮긴이의 말

뻗지 않는다. 밖에는 박애의 이슬이 땅을 적시는데 그의 마음은 기드온의 양털 한 뭉치처럼 말라 있을 것이다.

프랑스 혁명의 확고한 지지자이자 공화주의자로 어떤 권력에도 타협하지 않고 불같이 살다 간 해즐릿의 임종을 지킨 사람은 그의 아들과 찰스 램 단 두 사람이었지만, 그는 만족스러운 삶을 살았노라는 유언을 남기고 숨을 거두었다.

2025년 1월
공진호

연보

윌리엄 해즐릿

1778	4월 10일 영국 켄트 주 메이드스톤에서 출생. 아버지는 그곳의 유니테리언 교회 목사였다.
1789	프랑스 혁명.
1780	코크 시로 이사한다. 그의 아버지인 윌리엄 목사가 미국 전쟁 포로들에 대한 학대에 항의한다.
1783	가족이 미국으로 이주한다. 윌리엄 목사는 보스턴에 최초의 유니테리언 교회를 세운다.
1787	영국으로 돌아간다. 윌리엄 목사는 슈롭셔 주 웸에서 목사로 일한다.
1792	퍼시 셸리 출생. 메리 울스턴크래프트의 『여성의 권리 옹호』 출간. 파리에서 '9월 학살' 발생.
1793	해크니 뉴 칼리지에서 수학.「새로운 민형사법론 입안」이라는 글을 쓴다.

연보

1794	사라 시던스가 등장하는 셰익스피어 연극 관람.
	의회 개혁을 주장하던 화가 토머스 하디(1757-1804)와 정치가 존 혼 툭(1736-1812) 등 급진적 변혁론자들이 반역죄로 재판을 받았으나 무죄를 선고받는다. 윌리엄 블레이크의 『순수의 노래』 발표.
1795	아버지의 뜻과 달리 성직자가 되지 않기로 결심한다. 해크니 뉴 칼리지를 자퇴하고 런던에 가서 형과 함께 산다. 형이 소개해 준 윌리엄 고드윈과 친분을 맺는다.
1796	런던에서 웸으로 이사한다. 『인간 행동론』을 쓰기 시작한다. 토머스 홀크로프트와 조지프 포셋을 비롯한 전세대 급진주의자들과 친해진다. 버크와 루소를 읽기 시작한다.
1797	에드먼드 버크 사망. 메리 울스턴크래프트가 둘째 딸 고드윈(메리 셸리)을 낳고 산후 패혈증으로 사망.
1798	유니테리언 교회에 설교차 방문한 콜리지와 친분을 맺고 워즈워드도 만난다. 화가가 되기로 결심한다.
1799-1804	런던에서 열린 오를레앙 공작 소장품 전시회를 관람하고 "미술의 신비에 입문하다"라고 기록한다. 파리 루브르 미술관에서 대가들의 회화를 모사하며 그림에 전념한다. 초상화 의뢰를 받으면서 직업 화가의 길로 들

연보

어선다.

1802	해즐릿이 그린 아버지의 초상화가 왕립 예술 아카데미에서 전시된다.
1804	나폴레옹이 황제로 등극한다.
1805	첫 책『인간 행동론』을 출간한다. 찰스 램의 초상화를 그린다(현재 런던 국립 초상화 미술관에 걸려 있다). 진정한 화가가 될 수 있을지 회의에 빠진다.
1806	소책자「사회 문제에 대한 자유로운 생각」을 출간한다.
1807	에이브러햄 터커의『자연의 빛 연구』요약본을 출간한다. 경제학자 토머스 맬서스를 비판하는 에세이를 발표한다.『영국 의회의 웅변』을 편찬하고 영어 문법서를 쓰는 등 런던에서 활발한 집필 활동을 한다.
1808	찰스 램 부부의 친구인 사라 스토다트와 결혼해서 윈터슬로로 이사한다.
1810	『새 영어 문법』을 출간한다.
1811	해즐릿의 아들 윌리엄 탄생.
1812-1813	《모닝 크로니클》의 의회 출입 기자가 되어 정치를 비롯한 다양한 칼럼을 쓴다. 런던에서 영국 철학에 대한 연속 강연을 한다. 다양한 연극 비평을 발표한다.
1814-1816	연극 배우 에드먼드 킨이 샤일록 역으로 등장하는 공

연보

연을 본다(1814년 1월24일). 《에딘버러 리뷰》에 기고를 시작한다(1815년 2월). 《모닝 크로니클》과 《더 챔피언》에 연극 비평을 기고하기 시작한다. 섭정 왕자 조지 4세에 대한 불경죄로 2년형을 받아 수감된 리 헌트 대신 《이그재미너》에 정치, 연극, 문학, 미술 관련 기사를 기고하고 그가 풀려난 후에도 그 일을 이어간다. 『홀크로프트 전기』(1816)를 쓴다.

1815	해즐릿은 워털루 전투에서 나폴레옹이 패하자 비탄에 빠진다.
1817-1818	에세이집 『원탁』 『셰익스피어 극의 등장인물론』 『영국 시인론』 『영국 연극론』을 낸다. 런던 '서리 학회(Surrey Institution)'에서 영시와 희극 작가에 대해 강의한다. 해즐릿과 셸리는 보수 언론 《블랙우드 매거진》의 공격을 받는다.
1818	메리 셸리의 『프랑켄슈타인』 출간. 칼 마르크스 탄생.
1819	『정치 에세이』를 써서 콜리지와 사우디의 반혁명적 글을 비판한다. 다년간 자신에 대한 명예 훼손과 중상 비방에 답하여 『윌리엄 기퍼드에게 쓰는 편지』를 낸다. 『영국 희극 작가론』을 낸다. 문장가로서 해즐릿의 천재성이 널리 인정받는다.

연보

1820	아버지 윌리엄 해즐릿 목사 사망.『엘리자베스 여왕 시대의 희곡 강의』를 출간한다.
1821	하숙집 딸 사라 워커와 친해진다.『엘리자베스 여왕 시대론』을 낸다.《런던 매거진》에 글을 기고하기 시작한다. 에세이집『좌담』을 낸다.
1822	사라 워커와 결혼하기 위해 스토다트와 이혼하지만 워커에게 청혼을 거절당한다.
1823	이를 바탕으로 자전적 연애 소설『리베르 아모리스 (Liber Amoris)』를 출간한다.
1824-1825	그의 팬인 이사벨라 브리지워터와 결혼한다.『시대정신』을 출간한다. 유럽을 여행하고 스탕달을 만난다.
1826-1827	『프랑스 및 이탈리아 여행기』,『입바른 사람』을 낸다. 이사벨라와 이혼하고 파리로 돌아와 나폴레옹 전기를 쓸 자료 조사에 착수한다.
1828-1830	《이그재미너》에 희곡 비평을 기고한다. 네 권으로 된『나폴레옹 전기』를 출간한다.『노스코트 대담집』(1830)을 펴냈지만 판매가 부진하여 큰 빚을 진다.
1830	프랑스의 7월 혁명으로 부르봉 왕조가 전복된다.
1830년	가을에 앓기 시작해 9월 18일 런던 소호에 있는 하숙집에서 세상을 떠난다.

옮긴이 공진호

서울에서 태어나 뉴욕시립대학교에서 영문학과 창작을 공부했다. 윌리엄 해즐릿의 『혐오의 즐거움에 관하여』, 월트 휘트먼의 『바다로 돌아가는 사랑』, W. G. 제발트 인터뷰집 『기억의 유령』, 조지 오웰의 『1984』 『동물농장』 『버마의 나날』, 윌리엄 포크너의 『소리와 분노』, 허먼 멜빌의 『필경사 바틀비』, 하퍼 리의 『파수꾼』, 루시아 벌린의 『청소부 매뉴얼』, 제임스 조이스 시집 『사랑은 사랑이 멀리 있어 슬퍼라』, 베르톨트 브레히트 시집 『꽃을 피우는 사과나무에 대한 감격』, 아틸라 요제프의 『세상에 나가면 일곱 번 태어나라』 등 다수의 번역서를 냈다.

왜 먼 것이 좋아 보이는가
우리 본성의 빛과 그림자를 찾아서

초판 1쇄 펴냄 2025년 2월 7일
초판 2쇄 펴냄 2025년 4월 25일

지은이 윌리엄 해즐릿
옮긴이 공진호
번역저작권 © 공진호 2024
펴낸곳 아티초크 (Artichoke Publishing House)

출판등록 제25100-2013-000008호
경기도 성남시 분당구 탄천상로 124, A-303 (13631)
대표전화 031-718-1357 | **팩스** 031-711-1351
www.artichokehouse.com

이 책의 전부 또는 일부를 재사용하려면
반드시 번역 저작권자와 아티초크 출판의 동의를 받아야 합니다

ISBN 979-11-86643-21-1 (03800)